Dibuja el
círculo

Obras de Mark Batterson

*Con un león en medio de un foso: cómo sobrevivir
y triunfar cuando ruge la dificultad*

Destino divino: descubre la identidad de tu alma

*El hacedor de círculos: cómo rodear de oración
nuestros principales anhelos y desafíos*

El hacedor de círculos: Diario de Oración

El ladrón de tumbas: Cómo Jesús hace posible su imposible

Extravagante: convierta en vida su respuesta al exorbitante amor de Dios

Primitivo: buscando el espíritu perdido del cristianismo

Sé un hacedor de círculos: la solución a diez mil problemas

Tras el rastro del ave salvaje: reviviendo la aventura de seguir a Dios

Dibuja el círculo

40 días
para un reto devocional

Mark Batterson

La misión de Editorial Vida es ser la compañía líder en satisfacer las necesidades de las personas con recursos cuyo contenido glorifique al Señor Jesucristo y promueva principios bíblicos.

DIBUJA EL CÍRCULO
Edición en español publicada por
Editorial Vida – 2014
Miami, Florida

© 2014 por Mark Batterson

Este título también está disponible en formato electrónico.

Originally published in the USA under the title:
  Draw the Circle : The 40-Day Prayer Challenge
  Copyright © 2012 by Mark Batterson
Published by permission of Zondervan, Grand Rapids, Michigan 49530.
All rights reserved.

Editora en Jefe: *Graciela Lelli*
Traducción: *Andrés Carrodeguas*
Edición: *Nahum Saez*
Diseño interior: *Mauricio Díaz*

ISBN: 978-0-8297-6651-6
CATEGORÍA: RELIGIÓN / Vida cristiana / Devocional

IMPRESO EN ESTADOS UNIDOS DE AMÉRICA
PRINTED IN UNITED STATES OF AMERICA

HB 06.27.2024

Contenido

Introducción

Este reto de permanecer cuarenta días en oración te va a cambiar la vida. De hecho, los próximos cuarenta días tienen el potencial de alterar de manera drástica todo *el resto* de tu vida. Dios va a comenzar una buena obra en ti y la va a terminar. Los milagros que se produzcan en tu vida dentro de varias décadas remontarán su origen a esta temporada de oración. Los avances que ocurran durante estos cuarenta días se convertirán en bendiciones generacionales que perdurarán mucho después que hayas fallecido.

Si insistes en entrar en la presencia de Dios como nunca antes, vas a experimentarla en la misma medida. Recordarás estos cuarenta días, como los mejores de toda tu vida. No van a ser los más fáciles; en realidad, es posible que sean los más difíciles. No te sorprendas si experimentas hostilidad espiritual al recorrer este camino. Pero si oras sin desmayar, Dios se abrirá paso en tu vida en formas novedosas. Es algo tan inevitable como el cambio de marea.

No hay nada mágico con los cuarenta días, aunque hay algo bíblico. Ese es el número de días que pasó Jesús en el desierto, ayunando y orando. Esos días marcaron un capítulo crítico en su vida: la transición de los negocios de su padre terrenal a los de su Padre celestial. Allí fue probado como nunca antes, pero esa experiencia fue la que preparó el escenario para sus mayores victorias sobre el enemigo. La guerra contra el pecado y contra Satanás se ganó en la cruz del Calvario, pero tres años antes se produjo una batalla clave en medio del desierto. Cuando Jesús volvió a Galilea, no era el mismo. Tú tampoco lo serás. Saldrás de este reto de cuarenta días de oración, al igual que Jesús, en el poder del Espíritu Santo.

Si quieres que Dios haga algo nuevo en ti, no puedes seguir haciendo lo mismo de antes. Tienes que hacer algo diferente. Y si lo haces, Dios creará capacidades nuevas dentro de ti. Tendrás nuevos dones y nuevas revelaciones. Pero tendrás que pagar un precio. De todo esto vas a sacar lo que hayas invertido.

Cómo comenzar un avivamiento

Dibuja el círculo es una especie de secuela. Desde que se publicó *El hacedor de círculos*, he escuchado centenares de testimonios de oración que han encendido mi fe. Casi a diario oigo un nuevo relato que me hace sentir ganas de aplaudir a Dios. Este libro es mi manera de administrar esos testimonios compartiéndolos. También he aprendido más sobre la oración desde la publicación de *El hacedor de círculos*, que cuanto sabía anteriormente. Voy a compartir contigo esos nuevos descubrimientos en las páginas que siguen.

Así que te pido que me permitas continuar donde quedó *El hacedor de círculos*.

Rodney «Gypsy» Smith nació en las afueras de Londres en el año 1860. Nunca hizo estudios formales y, sin embargo, dio conferencias en Harvard. A pesar de sus modestos orígenes, dos presidentes en funciones de Estados Unidos lo invitaron a la Casa Blanca. Gypsy atravesó el océano Atlántico cuarenta y cinco veces, predicó el evangelio ante millones de personas y nunca predicó sin que hubiera alguien que sometiera su vida al señorío de Jesucristo.

Dios usó poderosamente a Gypsy. Dondequiera que iba, parecía como si el avivamiento le estuviera pisando los talones. Pero no era su predicación la que hacía brotar el avivamiento. Nunca lo ha sido. La predicación mueve los corazones de los seres humanos, pero la oración mueve el corazón de Dios. Y así es como comienza el avivamiento.

Gypsy le reveló su secreto a una delegación de personas que buscaban un avivamiento y que lograron reunirse con él. Querían saber de qué manera podían marcar con sus vidas una diferencia como la que él hizo con la suya. Su respuesta fue sencilla pero profunda, tan oportuna y atemporal como lo fue hace un centenar de años. Este fue el consejo que les dio:

Váyanse a casa. Enciérrense en su cuarto. Arrodíllense en el piso y tracen un círculo alrededor de ustedes mismos con un pedazo de tiza. Allí, de rodillas, oren con fervor y quebrantamiento para que Dios quiera comenzar un avivamiento dentro de ese círculo de tiza.

Comienza a trazar círculos

Te tengo que confesar algo. Aunque escribí un libro acerca de la oración, y mi vida personal de oración estaba floreciendo, no supe guiar a nuestra iglesia en la oración colectiva durante quince años. Eso cambió este año y con ello cambió todo.

Terminamos nuestro primer reto de cuarenta días de oración en la National Community Church (NCC) y, a nivel colectivo, cambió por completo la cultura de nuestra iglesia. Hemos clasificado esa temporada como la época de crecimiento espiritual más significativa en nuestros quince años de historia. Y a nivel personal, no soy el que era cuando comenzamos.

Mientras nos preparábamos para el reto de los cuarenta días, creí que Dios quería que nuestra iglesia hiciera un círculo alrededor de 2 Crónicas 7.14, arrodillándonos todos los días a las 7:14 a.m. Le expliqué a nuestra iglesia que la hora en sí no era significativa, pero servía como manera de recordar todos los días la promesa alrededor de la cual estábamos trazando un círculo en oración.

«Si mi pueblo, que lleva mi nombre, se humilla y ora, y me busca y abandona su mala conducta, yo lo escucharé desde el cielo, perdonaré su pecado y restauraré su tierra».

El primer día del reto de oración, caí de rodillas después de salir de la cama. Ese hábito diario no terminó una vez pasados los cuarenta días. De hecho, pienso seguirlo haciendo por el resto de mi vida. Te suplico que leas esto detenidamente: la meta del reto de cuarenta días de oración no consiste en obtener lo que queramos cuando llegue el día número cuarenta. De hecho, la meta no tiene nada que ver con conseguir lo que queremos. La meta consiste en descubrir qué es lo que quiere Dios; cuál es su voluntad. Entonces, uno comienza a rodearla en oración con un círculo y no se detiene hasta que Dios responda.

Con demasiada frecuencia hacemos oraciones en las que pedimos una respuesta... *tan pronto como sea posible*. Necesitamos comenzar a orar... *tanto tiempo como sea necesario*. La meta del reto de oración consiste en crearte un hábito de oración, de manera que sigas orando el día 41, el 57, el 101 y el 365.

La logística

¿Con quién debo hacer este reto de oración?

Te sugiero que pienses en la posibilidad de un reto a nivel de toda la iglesia o que conviertas tu grupo pequeño en un círculo de oración. Puedes hacer el reto también con tu familia o con tus amigos. Pero cualquiera que sea la forma en que lo hagas, no lo hagas solo.

¿Alrededor de qué debo trazar el círculo?

No te sientas mal si no sabes alrededor de qué hacer el círculo en el día primero. Una de las ideas más erradas acerca de la oración es que es presentarle a Dios un bosquejo de nuestra agenda, como si fuera una lista de cosas que queremos que él haga. La verdadera razón de la oración es entrar en la presencia de Dios de tal manera que sea él quien nos pueda bosquejar a nosotros su agenda. Esto es lo que te aconsejo: ora para pedirle que te diga por qué cosas debes orar. Dios te revelará una promesa, un problema o una persona. Entonces, traza un círculo alrededor de lo que Dios te haya indicado como motivo de tu oración, con la misma clase de constancia con la que la tierra gira alrededor del sol.

Con demasiada frecuencia oramos por algo una vez y después lo olvidamos por completo. Entonces, cuando Dios nos responde, no le damos la gloria, porque hemos olvidado aquello por lo que hemos orado. Esa es una de las razones por las que necesitas llevar un diario durante estos cuarenta días. Documenta tus oraciones y las respuestas de Dios. Si no tienes un diario, consigue un ejemplar del *Diario de oración del hacedor de círculos*. Te ayudará no solo a orar, sino a hacerlo sin desmayar.

Durante los cuarenta días de nuestro reto de oración, cada persona trazó un círculo alrededor de algo distinto. Vimos hijos pródigos regresar a Dios después de años de andarle huyendo. Hubo matrimonios restaurados. Se han abierto oportunidades de empleo. La provisión para satisfacer necesidades económicas ha surgido de la nada. Las citas divinas se han producido a diario. Y hasta hubo unas cuantas sanidades milagrosas.

¿Cuándo debo aceptar el reto?

Lo puedes hacer en cualquier momento, pero lo importante es que fijes una fecha para comenzar o para terminar. El reto de oración de cuarenta días es una forma excelente de comenzar un año nuevo o de terminarlo. En NCC enfocamos la cuaresma como una manera de comenzar el camino espiritual hacia la Pascua de resurrección. El año pasado, acuñé la palabra *ExperiLent,* porque queríamos saber lo que sucedería si trazábamos un círculo alrededor de una promesa durante cuarenta días, y Dios respondió. Eso lo puedes leer en la devoción correspondiente al día 34. También puedes aprovechar un cumpleaños o un día festivo. Un ayuno de cuarenta días que terminó el día que cumplí 35 años se convirtió en el momento decisivo de mi vida. Convertí mi cumpleaños en una fecha límite autoimpuesta que tuvo por resultado mi primer libro.

¿Dónde debo orar?

Es importante hacer una cita diaria con Dios escogiendo *un momento y un lugar* para orar. Si te ayuda, anota esa cita en tu calendario o prepara una señal de alarma. Te recomiendo que le des a Dios los primeros minutos de tu día. Cuando oro al principio del día, es como si todo mi día se convirtiera en una oración. Cuando sintonizo la frecuencia de Dios por la mañana, oigo su susurro durante el resto del día. También recomiendo que se reúnan para orar. Comiéncenlo todo con una noche de oración y alabanza. Después mantengan vivo el ímpetu con reuniones diarias. Nuestras reuniones diarias entre semana a las 7:14 a.m. no solo crean una fuerte sinergia, también son una forma de hacer que tenga que rendirles cuentas a los demás.

Investiga acerca de la oración

En 1952, un estudiante de doctorado de la Universidad de Princeton le hizo una pregunta a Albert Einstein: «¿Cuál es la disertación original que aún queda por hacer?». Me intriga e inspira la respuesta de Einstein: «Investiga acerca de la oración».

Ese es el reto que te propongo: Investiga acerca de la oración.

Oro por ti para que cada día de este recorrido te conceda un nuevo descubrimiento. Esos descubrimientos pueden cambiar tu manera de orar; cuando eso ocurre, todo lo demás cambia.

Pocas personas causaron un impacto más profundo en el ambiente espiritual de Estados Unidos —en la segunda mitad del siglo veinte—, que Bill Bright, el fundador de Cruzada Estudiantil y Profesional para Cristo. Fue un gran impulsor del evangelismo y el discipulado desde los recintos universitarios hasta los campos misioneros en otros países, e influyó en millones de personas por medio de la organización que comenzó y los libros que escribió.

En 1994, el doctor Bright sintió que el Señor le indicaba que hiciera un ayuno de cuarenta días para pedir un avivamiento en Estados Unidos. El hombre que entró en aquel círculo de oración y el que salió de él eran dos personas distintas. Su fe se elevó a gran altura. Sintió la presencia de Dios como nunca antes, entonces las verdades bíblicas pasaron de su mente a su corazón y de su corazón a su alma. Dicho en sus propias palabras: «Estos cuarenta días han resultado los más importantes de toda mi vida».

Yo creo que lo mismo puede suceder contigo.

¡Dibuja el círculo!

Prepárate

Oraba a Dios constantemente.
HECHOS 10.2

Cuatro palabras me dicen todo lo que necesitaba saber acerca de Cornelio: *¡Oraba a Dios constantemente!* Las Escrituras no nos dicen con exactitud *cuándo, dónde* ni *cómo* oraba. No nos revela si oraba por la mañana o por la noche. No nos repite lo que él decía ni nos indica en qué postura oraba. Solo nos dice que oraba siempre. Y cuando uno ora a Dios siempre, las cosas irregulares se producen de una manera regular. Uno nunca sabe cuándo, dónde o cómo va a invadir Dios la rutina de su vida, pero puede vivir en medio de una santa expectación, sabiendo que Dios está arreglando unas sincronizaciones sobrenaturales.

Como un gran maestro del ajedrez, que sitúa de manera estratégica las piezas sobre el tablero, Dios siempre nos está preparando y poniendo en situaciones en las que se producen citas divinas. Y la oración es la forma en que discernimos la próxima movida. Los planes de Dios solo se nos revelan en la presencia de él. ¡No recibimos las órdenes de marcha hasta que nos ponemos de rodillas! Pero cuando caemos de rodillas, Dios nos lleva a lugares que nunca nos habríamos imaginado, por senderos que ni siquiera sabíamos que existían.

Si la historia es un juego de ajedrez entre el bien y el mal, entonces Hechos 10 es una de las movidas más grandiosas de Dios. Revela cómo una sola oración es capaz de cambiar el juego. Revela lo que puede suceder cuando dos personas oran. Revela el poder de la oración para darle jaque mate al enemigo y sellar la victoria.

He aquí el juego, movida por movida.

Un hombre llamado Cornelio tiene una visión en Cesarea, mientras está orando. Al mismo tiempo, Pedro tiene también una visión mientras ora en Jope. Estas dos visiones coinciden para convertirse en una cita divina que altera de manera radical el curso de la historia. Hasta ese punto, el Camino era una secta del judaísmo. El evangelio no se ofrece a los gentiles hasta que Cornelio, oficial del ejército romano, pone su fe en Jesucristo. Si *él* no recibe la salvación, *tú* tampoco la habrías podido recibir. Ni siquiera tienes una opción. Si tú eres seguidor de Jesús y no eres judío, tu genealogía espiritual se remonta a ese momento inicial. Cuando Cornelio deposita su fe en Cristo, las puertas de la salvación se abren de par en par para los gentiles. Pero todo comenzó con dos hombres que estaban orando. Aquellas dos oraciones deben haber sido respondidas miles de millones de veces a lo largo de los dos mil años pasados. De hecho, fueron respondidas una vez más cuando tú pusiste tu fe en Jesucristo.

Permíteme ahora que afirme algo que es obvio: Cornelio y Pedro nunca se habrían debido encontrar. Nunca. Estaban separados por la geografía. Los cincuenta kilómetros de distancia que había entre sus dos ciudades tal vez no nos parezcan gran cosa a nosotros, pero la persona promedio del siglo primero no viajaba más allá de un radio de cuarenta y ocho kilómetros alrededor de su lugar de nacimiento. Y lo más significativo de todo es que estaban separados por sus antecedentes étnicos. Los soldados romanos y los discípulos judíos no se comunicaban entre sí. De hecho, Pedro quebrantó todas las leyes existentes en los libros judíos cuando entró a la casa de Cornelio. Atravesar el umbral de su puerta era como cruzar el río Rubicón. Fue contra todo lo que había conocido en su vida, y arriesgó todo lo que había logrado en ella. Aquel umbral que daba al hogar de Cornelio era como el armario del relato *El león, la bruja y el armario*, de C. S. Lewis, o la madriguera del conejo de *Alicia en el país de las maravillas*. Yo la llamo «la puerta a quienquiera que sea». Cuando Pedro entró a la casa de Cornelio, su acción significaba literalmente: «A cuantos lo reciban». ¡Y eso nos incluye a ti y a mí!

Prepárate

El que un miembro del Congreso de Estados Unidos solicite reunirse conmigo es algo que no sucede todos los días. Al principio sentí curiosidad.

Después me puse un poco nervioso. Tenía la esperanza de que aquello no tuviera nada que ver con el hecho de que yo había llevado ilegalmente a mis hijos a pasear en trineo en el Capitolio durante una batalla de nieve unos cuantos inviernos atrás, pero me imaginé que no era posible que aquello reuniera los requisitos para una investigación federal. Resultó que el congresista todo lo que quería era darme las gracias por haber escrito *A la caza del ave salvaje,* libro que había leído durante su primera candidatura al Congreso.

Mientras nos tomábamos un café con leche en mi oficina encima de Ebenezer's Coffeehouse, el congresista Jim Lankford me habló de su pasado. Su camino por la vida, de una manera algo similar al impensable ascenso de Daniel al poder político, estaba lleno de giros y vueltas impredecibles. Todo comenzó un día del año 2007, cuando el Espíritu Santo le dijo en su susurro inconfundible: «Prepárate». Su reacción inicial fue: *¿Prepararme yo? ¿Para qué?* En aquellos momentos, Jim dirigía uno de los campamentos cristianos más grandes del país y predicaba los fines de semana. Estaba perfectamente satisfecho con lo que estaba haciendo, pero el Espíritu Santo le siguió poniendo en la mente lo mismo: «Prepárate».

Varios meses más tarde, Jim estaba leyendo el periódico cuando encontró un artículo acerca de una congresista que representaba a su distrito. Corría el rumor de que iba a aspirar a gobernadora del estado, lo cual dejaría vacante su asiento en el Congreso. Fue entonces cuando el Espíritu Santo le dijo: «Esto mismo es».

Jim no tenía madera de político. De hecho, ni siquiera sabía cuáles eran los límites de su distrito en el Congreso. Entró en la internet para hacer un poco de investigación, cuando entró su esposa en la habitación y le dijo: «¿Qué haces?». Él le contestó: «Veo las estadísticas del condado». Entonces ella le dijo: «Vamos a aspirar al Congreso, ¿no es eso?». Nunca antes habían hablado del tema; ni siquiera habían pensado en él. Aspirar al Congreso les parecía algo así como salir a cazar gansos salvajes. Al fin y al cabo, Jim no tenía historial, no tenía red de apoyo y tampoco tenía recursos. Era imposible que ganara unas elecciones... por supuesto, a menos que el candidato favorito abandonara la campaña unos pocos meses antes de las elecciones. Eso es precisamente lo que sucedió, y Jim Lankford fue elegido para representar al Quinto Distrito de Oklahoma en el Congreso.

Los celtas cristianos le daban al Espíritu Santo un nombre fascinante. Lo llamaban *An-Geadh-Glas*, que significa «el ganso salvaje». ¿Se te podría ocurrir una descripción mejor de lo que es llevar una vida guiada por el Espíritu Santo, que la caza de ese «ganso salvaje»? Cuando es el Espíritu Santo el que nos guía, nunca sabemos con quién nos vamos a encontrar, dónde vamos a ir ni qué vamos a hacer. Sin embargo, una cosa si es cierta: ¡de aburrido no va a tener nada!

Al final de nuestra conversación, el congresista Lankford mencionó que también había leído *El hacedor de círculos*. Y lo está llevando a la práctica. Si visitas el edificio de oficinas Cannon House en cualquier mañana en la cual el Congreso se halle en sesión, te vas a encontrar con un director de campamento convertido en congresista, dando vueltas por el quinto piso, orando por las personas a las que representa, por sus colegas y por la nación.

Todo menos rutina

Si estableces una rutina de oración, tu vida va a ser cualquier otra cosa menos rutinaria. Vas a ir a lugares, hacer cosas y encontrarte con gente, sin motivo alguno para ir, hacer o encontrarte con ellos. No necesitarás estar buscando oportunidades. Todo lo que necesitarás será buscar a Dios. Y si buscas a Dios, las oportunidades te buscarán a ti.

Yo vivo en una ciudad, Washington, D.C., donde todo tiene que ver con las personas que uno conozca. *A quién conoces* es más importante que *aquello que conoces*. Esto también es cierto con respecto a los hijos de Dios. A quién conoces, nuestro Padre celestial, es muchísimo más importante que aquello que conozcas.

No te preocupes por llegar a conocer a la gente que te conviene. Si llegas a conocer a Dios, él se asegurará de que conozcas a esa gente y en el momento debido. Al fin y al cabo, no hay nadie al que él no conozca. Es una cuestión de separación. Y si él le pudo cambiar el corazón al faraón, también te puede ayudar a ti a encontrar favor con quienquiera que sea. Deja que sea Dios quien te haga la promoción y establezca tu red de contactos. Por supuesto, no te estoy sugiriendo que no solicites un ascenso, o que no intercambies tarjetas de negocios, pero busca primero su reino. Tienes que hacer la voluntad de Dios a la manera de Dios.

¿Recuerdas cuando Moisés se impacientó y tomó las cosas en sus manos, matando a un capataz egipcio? Él pensaba que con eso aceleraría los planes de Dios. En realidad, lo que sucedió fue que costó cuarenta años de retraso. Él pensaba que aquello aliviaría la carga de los israelitas, pero la hizo casi insoportable. Eso es lo que sucede cuando nosotros tratamos de hacer un trabajo que le corresponde a Dios. Se vuelve algo insoportable. Cuando tratamos de hacer que las cosas funcionen con mayor rapidez, por lo general lo que hacemos es retrasarlas. Cuando las tratamos de hacer más fáciles, por lo general las hacemos más difíciles.

No trates de fabricar tus propios milagros.

No trates de responder tus propias oraciones.

No trates de hacer algo que le corresponde a Dios.

Permanece humilde. Permanece paciente. Permanece centrado.

Sigue trazando círculos.

Dibuja el Círculo

Si oras a Dios regularmente, sucederán cosas irregulares con regularidad.

Establecido por Dios

El corazón del hombre traza su rumbo, pero
sus pasos los dirige el Señor.
PROVERBIOS 16.9

En este mismo momento, tal vez te parezca que estás sentado sin moverte, pero no es así. Te hallas en un planeta que está rotando sobre su eje a una velocidad de mil seiscientos kilómetros por hora. Con la precisión de un reloj, da una vuelta completa cada veinticuatro horas. ¡Y por si eso no es suficientemente asombroso, el planeta Tierra se mueve también alrededor del sol a una velocidad cercana a los ciento siete mil kilómetros por hora! Así que la próxima vez que sientas que has tenido un día improductivo, recuérdate a ti mismo que en realidad, has viajado hoy por el espacio más de dos millones cuatrocientos mil kilómetros.

Ahora, permíteme que te haga un par de preguntas: ¿Cuándo fue la última vez que sufriste de insomnio porque te preocupaba que el Creador mantuviera a los planetas en sus órbitas? ¿Cuándo fue la última vez que te arrodillaste por la noche para orar diciendo: «Señor, gracias porque has mantenido el planeta rotando. ¡No estaba seguro de que completáramos hoy toda la rotación, pero lo lograste de nuevo!»? Me estoy imaginando cuál es tu respuesta a estas preguntas: *nunca*.

No tenemos dudas sobre la capacidad de Dios para mantener a los planetas en sus órbitas, pero se nos hace difícil creer que puede mantener en órbita nuestras vidas. Dime cuál de estas dos cosas es más difícil: ¿mantener en sus órbitas a los planetas o determinar nuestros pasos? Lo cierto es que ya confiamos en Dios en cuanto a las cosas grandes; ahora necesitamos confiar en él en cuanto a las pequeñas, como sanarnos un cáncer, sacarnos de deudas, ayudarnos a concebir o ayudarnos a encontrar nuestra alma gemela. Por supuesto, no estoy sugiriendo que ninguna de esas situaciones sea pequeña. Para nosotros son montañas gigantescas. Sin embargo, la oración las puede convertir en granos de arena.

Dios es grande, no solo porque no hay nada demasiado grande para él, sino también porque tampoco hay nada que sea demasiado pequeño. El Soberano del universo se interesa por todos los detalles de nuestra vida, por diminutos que sean.

Todos nuestros actos de obediencia, por pequeños que sean, hacen que nuestro Padre celestial se sienta orgulloso de nosotros. Todo acto de fe, aunque sea una fe tan pequeña como un grano de mostaza, pone una sonrisa en su rostro. Todo sacrificio, por insignificante que nos parezca, marca una diferencia.

Como los orgullosos padres que observan a su hijo mientras da sus primeros pasos, Dios se regocija con todos los pasos de bebé que nosotros damos. Y esos pequeños pasos de fe, los puede convertir en saltos gigantescos.

Una encomienda divina

Tengo un puñado de oraciones que digo todo el tiempo. Debido a la frecuencia con que las repito, las llamo mis mantras de oración. En una de ellas le pido a Dios que ponga mis libros en las manos correctas y en el momento oportuno. He hecho esta oración miles de veces y Dios la ha respondido de manera dramática en incontables ocasiones. El libro correcto en las manos correctas y en el momento oportuno puede salvar un matrimonio, evitar un error, exigir una decisión, sembrar una semilla, concebir un sueño, resolver un problema e incitar una oración. Por eso escribo. Y por eso, para mí, un libro vendido no es solo eso, sino una oración contestada. Desconozco el nombre y la situación de cada uno de los lectores, pero Dios los conoce y eso es todo lo que importa.

Hace unos días recibí un mensaje electrónico de Peter, un hombre que comenzó a leer *Con un león en medio de un foso* durante un vuelo a Las Vegas. En la primera mitad de su vuelo, leyó el primer capítulo y se sintió desafiado, conmovido. Hubo unas palabras que le llamaron la atención: «Dios se dedica a situarnos de manera estratégica en el lugar y el tiempo correctos, pero a nosotros nos toca ver y aprovechar aquellas oportunidades que nos rodean por todas partes todo el tiempo». Así que Peter hizo cambio de avión en Phoenix y se sentó en el asiento asignado. Saludó a la jovencita que estaba sentada junto a él, pero ella se negó a contestarle de una forma bastante ruda. Le lanzó una de esas miradas que dicen: *¡No me hables durante el resto del vuelo y, dicho sea de paso, el brazo del asiento es mío!* Peter no quería ofenderla ni molestarla, pero no se podía quitar de encima la sensación de que algo andaba mal. Sabía que necesitaba tragarse su orgullo, enfrentarse a sus temores y aprovechar la oportunidad. Se inclinó hacia ella y le dijo: «Yo sé que no tengo derecho alguno a meterme en lo que no me importa, pero pareces llevar encima una gran carga. Si contarla a alguien totalmente extraño te puede ayudar, estoy dispuesto a escucharte».

La jovencita, que tenía diecisiete años y llevaba ya tres meses de embarazo, le dijo que se estaba escapando de su casa. Su novio le dijo que se marchara y "se ocupara del asunto". Ella le había robado a su padre la tarjeta de crédito para comprar un pasaje a Las Vegas para hacerse allí un aborto. Durante el vuelo, Peter le dijo palabras de consuelo y de aliento. Cuando aterrizaron en Las Vegas, la convenció de que llamara a sus padres, quienes estaban sumamente preocupados. Sus padres la convencieron para que tomara el siguiente vuelo y regresara al hogar.

Estoy casi seguro de que aquel día se salvó una vida; tal vez dos. Y todo porque un hombre creyó que la asignación de un asiento podía ser una cita divina. Y cuando actuamos de acuerdo con esos impulsos nacidos en la oración, el Gran Maestro puede usar un simple peón para darles jaque mate a los planes del enemigo.

Al final de su mensaje, Peter me daba las gracias por haber escrito el libro. Esto es lo que me dijo: «Así que eso es lo que sucedió después del capítulo 1. ¡Estoy ansioso por ver lo que ocurre después del capítulo 2!». ¡Y yo también! Todo lo que sé es esto: Dios está preparando citas divinas todo el tiempo. Solo él puede *hacer* la cita, pero solo tú puedes *cumplirla*. A ti te toca reconocer las oportunidades que Dios te pone en el camino y responder a ellas.

La coreografía

Hay pocas promesas que tengan más círculos en mi Biblia que Proverbios 16.9: «El corazón del hombre traza su rumbo, pero sus pasos los dirige el Señor».

Dios quiere que lleguemos donde nos quiere, más que lo que nosotros queremos llegar allí. Y hace un trabajo excelente para ayudarnos a llegar. Todo lo que tenemos que hacer es seguir el guión de las Santas Escrituras y la improvisación del Espíritu Santo.

Nosotros no podemos crear esas citas divinas. Todo lo que podemos hacer es cumplirlas.

Nosotros no podemos planificar unas oportunidades que es Dios quien las dispone. Todo lo que podemos hacer es aprovecharlas.

Nosotros no podemos hacer milagros. Todo lo que podemos hacer es orar para que se produzcan.

Nuestra tarea es escuchar su voz. La de él es dirigir nuestros pasos. Y si nosotros hacemos la nuestra, ¡Dios hará la suya!

La palabra hebrea *kûn*, traducida en Proverbios 16.9 como «dirige», también se puede traducir como «determina», «prepara», «proporciona», «pone en su lugar», «dirige», «decide en firme», «hace seguros». Es una palabra meticulosa que comprende una detenida planificación que va hasta los detalles ínfimos. Es una palabra redentora que elogia la capacidad que tiene Dios de redimir las experiencias del pasado y reciclarlas para convertirlas en oportunidades en el futuro. Es una palabra tranquilizadora que nos imparte seguridad en el hecho de que Dios lo tiene todo bajo su control. Es una palabra creadora que nos da un indicio de la belleza del arte con el que Dios hace las cosas.

Dios es el Compositor. Tu vida es su partitura.

Dios es el Artista. Tu vida es su lienzo.

Dios es el Arquitecto. Tu vida es su plano.

Dios es el Escritor. Tú eres su libro.

Dios es grande, no solo porque no haya nada demasiado grande para él, sino también porque no hay cosa demasiado pequeña para él.

Cosas maravillosas

*«Purifíquense, porque mañana el SEÑOR va a
realizar grandes prodigios entre ustedes».*
JOSUÉ 3.5

Hace más de cien años, un evangelista británico le dijo a Dwight L. Moody las palabras que transformarían su manera de ver la vida; palabras de desafío cuyo eco ha resonado a lo largo de todas las generaciones: «El mundo no ha visto todavía lo que Dios es capaz de hacer por, a través de, dentro de y por medio del hombre que se consagre plena y totalmente a él».

¿Por qué ese hombre no puedes ser tú?

Todos queremos hacer cosas maravillosas para Dios, pero no es eso lo que nos corresponde; eso le toca a él. A nosotros nos corresponde sencillamente consagrarnos basados en que nuestra voluntad se someta a la suya. Y si nosotros hacemos la parte que nos toca, Dios hará la suya. Si nos consagramos a él, van a suceder cosas maravillosas. ¡La consagración siempre termina en algo asombroso!

Los israelitas estaban acampados en la orilla oriental del río Jordán cuando Dios les ordenó: «Purifíquense». Y porque ellos le obedecieron, él cumplió su promesa. Abrió en dos el río Jordán y los israelitas lo atravesaron por tierra seca. En lugar de eso, nosotros habríamos construido un barco o levantado un puente. Tratamos de hacer las cosas que le tocan a Dios, en lugar de permitir que él las haga por nosotros. Y eso es algo como las calles de doble vía. Tenemos que *trabajar como si todo dependiera de nosotros*, pero también tenemos que *orar, porque todo depende de Dios*. Esa es la consagración. Es dejar que Dios haga por nosotros lo que no podemos hacer por nosotros mismos. Y así es como Dios recibe toda la gloria.

La consagración es un sometimiento total al señorío de Jesús. Lo ponemos todo en las manos de Dios: nuestro tiempo, nuestros talentos y nuestros tesoros. Es despojarnos por completo. Nada nos pertenece; ni siquiera nosotros mismos. Sin embargo, la ventaja del intercambio es increíble. Todo nuestro pecado es transferido a cuenta de Cristo y toda su justicia es transferida a cuenta nuestra. ¡Dios cancela nuestra deuda, nos incluye en su testamento y da el asunto por resuelto!

La palabra *consagrar* significa «apartar». Significa «ser destinado a un propósito especial»; «estar totalmente dedicado a Dios».

El Hijo de Dios fue quien fijó la norma. Jesús se entregó por completo en el Calvario y eso mismo es lo que espera que nosotros le devolvamos. Si él estuvo colgado en su cruz, por supuesto que nosotros podemos cargar con la nuestra. Su muerte demanda nuestras vidas.

La puerta D8

Durante nuestro reto de oración en la National Community Church, nuestra iglesia se reunía para orar colectivamente todas las mañanas en nuestra cafetería. Con la precisión de un reloj, caíamos de rodillas a las 7:14 en punto. Aquello se volvió una rutina tan constante, que se convirtió en una segunda naturaleza. Casi como el hambre que le entra a uno después de haber estado demasiado tiempo sin comer, yo tampoco podía estar demasiado tiempo sin caer de rodillas. Arrodillarme se convirtió en algo casi tan instintivo como comer o dormir.

Un día no pude estar en nuestra reunión de oración porque tenía que tomar un vuelo a Cleveland por la mañana temprano. Al salir del avión, me di cuenta de que era el momento de orar. Sabía que habría estado arrodillado en nuestra cafetería, pero estaba en medio de un aeropuerto. Y entonces fue cuando sentí que el Espíritu Santo me lanzaba el desafío, haciéndome sentir la necesidad de arrodillarme entonces y allí mismo. Para serte sincero, me le resistí: «Pero Señor, estoy en medio del aeropuerto de Cleveland». Y el Señor me dijo: «Yo sé exactamente dónde estás. En la puerta D8».

Al principio traté de racionalizar el que *no* me debía arrodillar. *No quiero alimentar estereotipos negativos acerca de los fanáticos religiosos. Yo puedo orar con la misma eficacia mientras me dirijo al lugar donde se recoge el equipaje. Me puedo arrodillar un poco más tarde en la intimidad de mi cuarto en el hotel.*

Aunque todas esas cosas son ciertas, yo sabía que no tenían nada que ver con la situación. Sabía que el Señor me estaba probando, para ver si estaría dispuesto a obedecerle cuando fuera, donde fuera y como que fuera. Sabía que si no pasaba esa prueba, le estaría sirviendo de obstáculo para que me utilizara en maneras más grandes. Quise demostrarle que me interesaba más lo que él pensara, que lo que pensara la gente. Le quise demostrar que le pertenezco dondequiera que esté y todo el tiempo. También comprendí que si Dios podía confiar en mí en esas cosas pequeñas, me podría utilizar para hacer cosas grandes. Así que, después de mirar a ambos lados por el pasillo de la terminal, caí de rodillas en la puerta D8. Solo fue un pequeño paso dentro del largo peregrinar hacia la consagración total. Un pequeño pedazo de mi ego murió aquel día en la puerta D8.

Le conté esta historia a nuestra congregación y me sentí inspirado por su reacción. ¿Has oído hablar de las reuniones multitudinarias repentinas? Bueno, ¡nuestra iglesia se convirtió en una multitud repentinamente arrodillada! He oído relatos sobre personas que se han arrodillado en elevadores, en aulas, en bancos y en tribunales de justicia. No es cuestión de arrodillarse en lugares y momentos raros; es cuestión de estar dispuestos a obedecer lo que nos sugiere el Espíritu Santo. Es cuestión de estar dispuestos a arrodillarnos en cualquier lugar y en cualquier momento.

El poder de veto

Consagración significa que ya no tenemos la última palabra. Le damos el poder de veto a Dios. Su palabra es la definitiva, se trate de las Santas Escrituras o del Espíritu Santo. De cualquiera de las dos maneras, ya no es una espiritualidad egoísta que le pide a Dios que haga caso a nuestros propósitos. Es cuestión de servir nosotros a sus propósitos, para que se revele su gloria.

Consagrarse es morir a sí mismo.

Yo sé que siempre existe el temor de que si nos entregamos más aún a Dios, quedará menos de nosotros, pero lo que sucede es exactamente lo opuesto. Mientras no muramos a nosotros mismos, no tendremos vida verdadera. Mientras más le demos a Dios, más tendremos y en más nos convertiremos. Solo perdiendo la vida, la hallaremos realmente.

Algunas veces la oración es una conversación informal con Dios. Es algo así como dos amigos que se ponen al día mientras toman una taza de café. Sin embargo, a veces la oración comprende una intensa intercesión, como le sucedió a Jesús cuando oraba en el huerto de Getsemaní, la víspera de su crucifixión. Fue una oración tan intensa que, literalmente, estaba sudando gotas de sangre. Se estaba enfrentando a la prueba más grande de su vida en la tierra, así que estuvo orando toda la noche. Tres veces hizo la misma oración de consagración: «Padre, si quieres, no me hagas beber este trago amargo; pero no se cumpla mi voluntad, sino la tuya».

La consagración es un proceso de sometimiento que nunca termina. Y la oración es su catalizador. Comienza con la oración de un pecador arrepentido. Le confesamos nuestros pecados al Salvador y sometemos nuestra vida a su señorío. Y a lo largo del camino, nuestro peregrinar espiritual se ve marcado por momentos decisivos en los cuales nos consagramos a Dios en nuestro propio huerto de Getsemaní.

Jonathan Edwards es famoso por su sermón «Pecadores en las manos de un Dios airado», que ayudó a hacer saltar la chispa del primer Gran Avivamiento. Además de ejercer su pastorado en North Hampton, Massachusetts, era el presidente de la Universidad de Princeton. Entre los descendientes suyos que se conocen, hay más de trescientos ministros o misioneros, ciento veinte profesores de universidad, sesenta escritores, treinta jueces, catorce presidentes de universidades, tres miembros del Congreso y un vicepresidente. ¡Realmente es un impresionante linaje familiar! Y ese legado, como toda genealogía espiritual, se remonta a un momento de consagración.

El 12 de enero de 1723, Jonathan Edwards se dedicó a sí mismo solemnemente a Dios. Se consagró por entero a él.

Hice una solemne dedicación de mi ser a Dios, y la escribí; entregándome a mí mismo, con todo lo que tenía, a Dios; para no ser en el futuro dueño de mí mismo en ningún sentido. E hice voto solemne de tomar a Dios como toda mi porción y mi felicidad; no buscando en nada más una parte de mi felicidad, ni actuando como si lo fuera.

Dibuja el Círculo

Si le das a Dios más de ti mismo,
él te dará más de sí mismo.

Ora sin desmayar

«Esto sucedió para que la obra de Dios se
hiciera evidente en su vida».

JUAN 9.3

Mis amigos John y Tricia Tiller sufrieron la peor pesadilla que pueden pasar unos padres hace casi diez años. Eli, su hijo de tres años, estaba jugando solo en su cuarto, cuando a Tricia le preocupó que hubiera demasiado silencio. Cuando entró a su cuarto, no vio a Eli por ninguna parte. Entonces fue cuando notó que una mesa estaba fuera de su lugar. La habían empujado hasta debajo de la ventana de su habitación en el segundo piso y era evidente que faltaba la rejilla de la ventana. Los peores temores de Tricia se convirtieron en realidad cuando corrió a la ventana, miró hacia abajo y vio a Eli tirado en el suelo cuatro metros más abajo.

Eli fue llevado al hospital en una ambulancia aérea. Allí luchó por su vida en la Unidad de Cuidados Intensivos durante tres semanas. Sobrevivió milagrosamente, pero no sin sufrir daños importantes en el cerebro. No tiene virtualmente nada de visión en el lado derecho y el lado izquierdo de su cuerpo tiene muy poca capacidad de movimiento o desarrollo muscular. Habla con un fuerte tartamudeo y camina cojeando forzosamente. Sin embargo, Eli Tiller, hoy un niño de doce años de edad, tiene el espíritu más dulce y la actitud más valerosa que he conocido en mi vida. Cantó hace poco en NCC, donde no quedó nadie que no llorara.

John y Tricia le han dado gracias a Dios incontables veces por haber salvado a su hijo, pero sus oraciones pidiendo una sanidad completa no han sido contestadas. A raíz del accidente, John tuvo que luchar con las dudas.

Comencé a hacerle preguntas a Dios. «¿Por qué, Dios mío? ¿Por qué los niños pequeños se caen de las ventanas?».

¿Por qué mi pequeño se tuvo que caer de esa ventana? ¿Por qué él? ¿Por qué yo? He buscado una respuesta en las Escrituras y lo que he encontrado es que ese «¿Por qué, Dios mío?» es una pregunta que no tiene nada de nueva.

En Juan 9, vemos que Jesús se encontró con un hombre que había nacido ciego y la gente aseguraba erróneamente que aquello era consecuencia de un pecado. Entonces le preguntaron a Jesús: «¿Quién pecó, él o sus padres?». Jesús les dijo que no se trataba de ninguna de las dos cosas. La gente daba por sentado que era una maldición generacional o falta de fe. Sin embargo, Jesús corrigió sus ideas, revelando la verdadera razón: «Esto sucedió para que la obra de Dios se hiciera evidente en su vida».

Desde el accidente de Elías, Tricia y yo hemos hecho todo lo humanamente posible para que nuestro hijo se ponga bien. Hemos gastado decenas de miles de dólares en equipo médico que no pagaba el seguro. Durante los tres primeros años después del accidente, Tricia y Eli se han pasado en terapia literalmente el ochenta por ciento de las horas que tienen disponibles en el día. Teníamos fe en que quedara totalmente sano. Sabíamos que iba a suceder, así que seguimos orando y esperando. Esperamos y esperamos. Sabíamos que un día nos presentaríamos delante de las multitudes para decir: «¡Miren lo que ha hecho Dios! ¡Ha sanado a nuestro hijo por completo!». Pero no es eso lo que ha sucedido.

Después de tres años de hacer todo lo que podíamos por nuestro hijo, llegó el momento de aceptar su situación presente y tomar la decisión de vivir con su discapacidad. Esa discapacidad era algo que nosotros no le podíamos quitar y era evidente que Dios había decidido no sanar a Eli por completo. Así que tuvimos que quemar nuestros viejos guiones para ver lo que Dios podría hacer con el nuevo. Así que, durante los últimos cinco años, hemos aceptado esa vida con su discapacidad. Eso no significa que yo haya dejado de orar por mi hijo. Como cualquier padre, daría mi brazo derecho por ver sano a mi hijo. Pero en lugar de desanimarme, o enojarme, he tomado la decisión de ver lo que Dios puede hacer.

A veces, la razón de ser de la oración es *sacarnos* de las circunstancias, pero es más frecuente que sea *ayudarnos a atravesarlas*. Por supuesto, no estoy sugiriendo que no debamos hacer oraciones de liberación, pero hay ocasiones en las cuales necesitamos orar para prevalecer. Necesitamos pedirle a Dios que nos dé la gracia necesaria para sostenernos, la fortaleza que nos permita mantenernos firmes y el poder de voluntad que nos haga seguir siempre adelante.

Orar para salir de la situación u orar sin desmayar

Hay una gran diferencia entre orar *para salir* de la situación y orar *sin desmayar*.

Muchas veces estamos tan ansiosos por librarnos de una situación difícil, dolorosa o desafiante, que no somos capaces de utilizarlas para crecer. Tenemos la mente tan fija en *salir* de esa situación que *no sacamos nada* de ella. No aprendemos las lecciones que Dios nos está tratando de dar, ni cultivamos el carácter que está tratando de hacer crecer en nosotros. ¡Nos centramos tanto en el deseo de que Dios cambie nuestras circunstancias, que nunca le permitimos que nos cambie a nosotros! Así que, en vez de diez o veinte años de experiencia, tenemos un año de experiencias repetidas diez o veinte veces.

A veces necesitamos orar así: «¡Sácame de aquí!». Pero hay otras ocasiones en las que necesitamos «orar sin desmayar». Y nos hace falta discernimiento para saber cuál de las dos necesitamos en una situación determinada.

Seamos totalmente sinceros: La mayoría de nuestras oraciones tienen como principal objetivo nuestra propia comodidad no la gloria de Dios. Queremos alejar todos los problemas a base de oración, pero esas oraciones miopes causarían un cortocircuito en el plan perfecto de Dios. Hay temporadas y situaciones en las cuales sencillamente lo que necesitamos es orar sin desmayar.

Mi promedio de bateo en la oración no es mejor que el de nadie. Muevo el bate y no le doy a la pelota todo el tiempo, pero he decidido que voy a «seguir intentándolo». Aun en los casos en que una oración no sea contestada de la manera en que yo querría, tengo una paz que sobrepasa todo entendimiento, porque sé que Dios me ha escuchado. Eso solo significa que la respuesta es «no». Y he aprendido a alabar también a Dios cuando la respuesta es un «no», no solamente cuando es un «sí». Ese no solo significa que estoy pidiendo lo que no debo, o por una razón que no es la correcta, o en un momento que no es el debido. Y estoy convencido de que llegará un día en el que le daremos tantas gracias a Dios por las oraciones que *no* ha contestado, como por las que ha respondido, porque siempre nos ha dado la mejor respuesta. Y muy pocas veces, la mejor respuesta es la más conveniente o cómoda para nosotros. ¡La respuesta mejor siempre es la que le da mayor gloria a Dios!

¿Pueden nuestras oraciones cambiar nuestras circunstancias? Por supuesto. Pero cuando nuestras circunstancias no cambian, eso suele indicar que a los que Dios está tratando de cambiar es a nosotros. La razón primaria de la oración no consiste en cambiar las circunstancias; ¡la razón primordial de la oración es cambiarnos a nosotros! Pero como quiera que sea, el principal objetivo sigue siendo el mismo: glorificar a Dios en todas y cada una de nuestras situaciones.

Dibuja el Círculo   *Algunas veces, Dios nos libera de nuestros problemas; otras, nos libera por medio de ellos.*

Escríbela

«Escribe la visión».
HABACUC 2.2

Yo tengo un puñado de dichos que los miembros de nuestro personal pueden recitar de memoria, porque los repito todo el tiempo. Uno de ellos es este: *El lápiz más corto es más eficaz que la mejor memoria.* Por eso mantengo un diario de oración. Después de mi Biblia, nada es más sagrado para mí que mi diario. Es la forma en que voy marcando mi recorrido. Es la manera en que proceso los problemas y pongo por escrito las revelaciones. Es el modo en que les sigo el rastro a las oraciones que he hecho, para poderle dar la gloria a Dios cuando las responda.

Llevar un diario es una de las disciplinas más pasadas por alto y menos valoradas. En mi opinión, se halla a la par de la oración, el ayuno y la meditación. Es la forma que tenemos de documentar lo que Dios está haciendo en nuestra vida. En Habacuc 2.2, el Señor indica: «Escribe la visión». ¿Por qué? Porque tenemos una tendencia natural a recordar lo que deberíamos olvidar y a olvidar lo que deberíamos revelar. El diario es el mejor antídoto, tal vez el único, contra la amnesia espiritual.

Este año comencé a llevar conmigo mi diario dondequiera que voy. Cuando estoy en una reunión, escribo cosas en mi diario de oración, de manera que pueda regresar para orar por ellas más tarde. Si estoy oyendo hablar a alguien, tomo notas, para poderlas procesar en oración. Y, por supuesto, siempre lo tengo a mano cuando estoy orando. Oro por las situaciones del presente y los sueños del futuro. Tengo una lista de oración por mis hijos que me ayuda a orar de manera constante y estratégica. Y con frecuencia, apunto en mi diario lo que medito sobre las Escrituras. Entonces, de vez en cuando, regreso al diario y rodeo con un círculo las cosas por las cuales necesito seguir orando sin desmayar.

Mi diario de oración hace también el papel de genealogía de oración. Puedo seguir muchas de las bendiciones, de los progresos y los milagros, hasta las oraciones que los originaron. Cuando leo el pasado por medio de mis diarios, puedo ir conectando los puntos entre mis oraciones y las respuestas de Dios. El hecho de conectar esos puntos es una inspiración incomparable para mi fe, porque me da una imagen de la fidelidad de Dios.

Este año lo comenzamos con una serie de sermones sobre *El hacedor de círculos*, animé a todas las personas de nuestra congregación a conseguirse un diario de oración. Me asombra la gran cantidad de vidas de oración que han sido revolucionadas por el simple acto de llevar ese diario. Estoy convencido de que es la clave de la constancia y la concreción de las oraciones. E incluso añade un elemento divertido. ¡Convierte la oración en un juego consistente en observar y esperar ver cómo Dios nos va a responder!

Escriba como un periodista

Kimberly, una de las damas que asisten a nuestra iglesia me contó uno de los testimonios de oración mejor documentados que he recibido jamás. Parece particularmente adecuado el hecho de que este testimonio sobre el diario procediera de una periodista. Después de leerlo, a través de mis células cerebrales corrió este pensamiento: todos necesitamos llevar nuestro diario de oración como si fuéramos periodistas.

Lo que siempre soñó Kimberly fue trabajar en una de las principales redes noticiosas, cubriendo el tema de la política. No solo terminó en la más grande de todas las cadenas, sino que se la encargó de cubrir la dirección más famosa de todo el país: el 1600 de la Avenida Pennsylvania. En su calidad de miembro del grupo de viaje de la Casa Blanca, acompaña con frecuencia al presidente en su avión Air Force One. De hecho, su primer viaje tuvo lugar el 29 de abril de 2011, el mismo día en el cual el presidente Obama autorizó la misión contra Osama bin Laden.

Kimberly está viviendo su sueño, pero como sucede con todos los sueños, le exigió mucha oración y mucha paciencia. Durante nuestra serie de sermones sobre *El hacedor de círculos*, revisó docenas de diarios suyos de la década anterior. Al ir recorriendo de nuevo sus pasos, pudo ver la mano de Dios en cada página. La genealogía de sus oraciones comenzó en el año 2001. Siendo estudiante del segundo año de universidad, escribió esta oración frágil, pero llena de fe:

> *¿Me atrevo a pedir mis sueños? ¿Me atrevo a ver lo que se imagina mi alma? ¿Me atrevo a arriesgarme? ¿Qué tal si pido y recibo? En ese caso, me arriesgo. ¿Le pido a mi Rey: «Permíteme impactar a los demás con noticias y conocimientos»?*

Después de los primeros dos años de universidad, Kimberly pensó en los estudios para graduarse, contempló la posibilidad de estudiar biblioteconomía y mudarse a Chicago o a Nueva York. Durante esa temporada, en la que no tenía rumbo fijo, fue cuando creó un mapa de oración, una hoja de su diario con un versículo al principio y unas peticiones de oración escritas debajo. En una de esas páginas, hizo un círculo alrededor de Salmos 37.4: «Deléitate en el Señor, y él te concederá los deseos de tu corazón». Se trataba de una promesa crítica en un momento también crucial.

El 4 de noviembre de 2003, escribió esta oración:

> *¿Dónde quieres que vaya? ¿Dónde te puedo representar? ¿Dónde está tu voluntad? Guía mis impulsos. Estoy a tu disposición y esperando.*

Vayamos al 15 de abril de 2004.

Kimberly estaba sentada en un banco a la orilla del lago Michigan, deprimida por la poca cantidad de dinero que recibía. En ese momento, nació en su espíritu el sueño de trabajar en una de las mayores redes noticiosas. También sabía que necesitaba dar un paso de fe y mudarse a Washington, D. C. Así que, sin trabajo y con muy poco dinero, Kimberly se mudó al D. C. Estuvo durmiendo en el piso de la casa de una amiga varios meses, hasta que se pudo levantar económicamente. Para lograr hacer todos sus pagos, trabajaba para una agencia de colocaciones temporal archivando papeles, al mismo tiempo que enviaba centenares de currículums vitæ y hacía centenares de llamadas que resultaban muy frías.

Después de encontrarse en numerosos callejones sin salida, finalmente logró su primer avance, trabajando para un pequeño buró de noticias durante el turno de la noche. Su primera noche como periodista a tiempo completo fue la del día en que el huracán Katrina golpeó al sur de la nación.

Aunque aquellas trasnochadas eran terribles, al final resultó que fueron lo mejor para aguzar mis habilidades como periodista. También estábamos en el momento más álgido de la guerra de Irak, así que todo estaba sucediendo de la noche a la mañana. Así podía ver cómo el primer turno de la mañana podía establecer la agenda para todo el ciclo de noticias.

Cuando llevaba alrededor de un año en el turno de noche, Kimberly quiso conseguir un trabajo de día, para poder vivir con un poco más de normalidad. Aquello estaba matando su vida social y espiritual, así que solicitó un trabajo de día en una de las grandes cadenas noticiosas. Pensaba que por fin tenía en la punta de los dedos el trabajo en el que había soñado. La entrevistaron, pero le negaron la posición. Fue devastador. En ese momento es cuando muchos de nosotros nos damos por vencidos en cuanto a nuestros sueños, pero Kimberly siguió trazando un círculo alrededor del trabajo de sus sueños, mientras seguía trabajando en el turno de noche un año más. Entonces consiguió otra entrevista con la misma red de noticias y esta vez se le abrieron las puertas.

Abreviando la historia, hizo falta que trabajara durante toda una década como si todo dependiera de ella, y orara como si todo dependiera de Dios, para que su sueño se convirtiera en realidad. Pero como escribía sus oraciones en su diario, ahora Kimberly puede ver esos tiempos pasados y notar cómo fue Dios quien estableció sus pasos. ¡Las huellas dactilares de Dios estaban en todas y cada una de las páginas!

Soy nieta de agricultores. Una de mis abuelas solo llegó al octavo grado, porque tuvo que dejar la escuela para ayudar en la granja. Alguien le dijo: «Todo lo que vas a hacer en la vida es ordeñar vacas».

Ahora su nieta trabaja en la Casa Blanca. Puede estar en la Oficina Oval y decir: «Disculpe, Señor Presidente...».
¡Qué país! ¡Qué gran Dios!

Dibuja el Círculo

El lápiz más corto es más eficaz que la mejor memoria.

Una audaz impertinencia

*«Sí se levantará por su impertinencia
y le dará cuanto necesite...».*
LUCAS 11.8

Me estaban haciendo una entrevista radial poco después de la publicación de *El hacedor de círculos*, cuando el anfitrión del programa contó una asombrosa historia acerca del doctor Bob Bagley, un misionero amigo suyo. La iglesia de Bob en África no tenía edificio, así que se reunían bajo la sombra de un solitario árbol que estaba cerca de la aldea; es decir, hasta que el médico brujo de la localidad maldijo al árbol y se secó. La iglesia no solo perdió su sombra, sino que la maldición la eclipsó. Socavó la autoridad de su mensaje. Bob sabía que la posición de ellos en la aldea estaría en peligro si él no hacía algo al respecto, así que convocó a una reunión pública de oración. De una manera parecida a Elías, que desafió a los profetas de Baal a un duelo de oraciones, Bob se enfrentó a la maldición e invocó una bendición sobre el árbol. Literalmente, le impuso las manos al árbol y oró para que Dios lo resucitara.

¡*Eso* sí que es una audaz impertinencia!

Si Dios no respondía su oración, se habría hundido más todavía. Ese es el riesgo que corre el que ora, ¿no es cierto? Pero si no pedimos, nunca sabremos lo que puede suceder. Acumulamos montones de justificaciones de todo tipo.

Pero sé esto con toda certeza: Dios no responde el cien por ciento de las oraciones que no hacemos.

Hay un viejo adagio que dice: *los momentos desesperados exigen medidas desesperadas.* Toda oración implica un riesgo calculado, pero a veces Dios nos llama a poner por delante toda la fe que tenemos y dejar que caigan las fichas donde deban caer. Eso es lo que hizo Bob. Le pidió a Dios que resucitara al árbol y añadió una pequeña línea muy oportuna a su oración: «No es mi nombre el que está en tela de juicio».

Cuando actuamos en fe, no estamos poniendo en riesgo nuestra reputación, estamos arriesgando la de Dios porque, al fin y al cabo, él fue quien hizo la promesa. Pero si no estamos dispuestos a arriesgar nuestra reputación, nunca impondremos la reputación de Dios. Nunca experimentaremos milagros como el que vio Bob. Dios no solo rompió la maldición y resucitó al árbol, sino que se convirtió en el único árbol de esa especie en dar fruto, no una, sino dos veces al año. ¡Una doble cosecha! ¡Una doble bendición!

¿Por qué pensamos equivocadamente que a Dios le ofenden las oraciones en las cuales le pedimos lo imposible? ¡Lo cierto es que sí le ofende todo lo que sea menos que eso! A Dios le ofende que le pidamos cosas que podemos hacer por nosotros mismos. Las oraciones imposibles son las que lo honran, porque revelan nuestra fe y permiten que él revele su gloria.

Una audaz impertinencia

En Lucas 11, Jesús presenta un relato sobre un hombre que no aceptaba la negativa por respuesta. Siguió tocando a la puerta de su amigo, hasta que consiguió lo que había ido a buscar. Es una parábola acerca de lo que es perseverar en oración. Y Jesús honra su firme decisión, cuando dice: *«Sí se levantará por su impertinencia y le dará cuanto necesite».*

Me encanta esta manera de presentar la oración. Hay momentos en los cuales necesitamos hacer todo lo que sea necesario. Necesitamos aferrarnos a los cuernos del altar y no soltarlos. Necesitamos retar a duelo a las fuerzas demoníacas. Necesitamos hacer algo loco, algo arriesgado, algo diferente.

El propio hacedor de círculos es la personificación misma de esa audacia importuna. Cuando una grave sequía amenazaba con destruir a toda una generación de judíos, Honi trazó un círculo en la arena, se puso de rodillas y dijo: «Señor del universo, juro ante tu gran nombre que no me voy a mover de este círculo mientras tú no les hayas mostrado tu misericordia a tus hijos».

Aquella proposición era riesgosa. ¡Honi se habría podido quedar en aquel círculo por largo tiempo! Pero Dios honró esa atrevida oración, porque lo honraba a él. E incluso después que Dios respondiera aquella oración por lluvia, Honi tuvo la impertinente audacia de pedirle un tipo específico de lluvia. «No he orado para que caiga esta clase de lluvia, sino la lluvia de tu favor, tu bendición y tu bondad».

Aunque la moraleja de esta parábola es que debemos perseverar en oración, también revela el carácter de aquel que responde a esa oración. *No* le concede lo que pide solamente porque se lo ha pedido repetidas veces. Responde su oración para conservar su propio buen nombre. Al fin y al cabo, no es nuestra reputación la que está en juego, sino la suya. Así que Dios no responde a las oraciones solo por darnos lo que queremos, sino para dar gloria a su nombre.

La belleza de la obediencia radica en esto: nos libera a nosotros de la responsabilidad. Nos elimina todas las presiones para ponerlas totalmente en los hombros soberanos de Dios.

Por ejemplo, cuando le damos a Dios el diezmo, nuestras finanzas dejan de ser responsabilidad nuestra para convertirse en responsabilidad de Dios. Él llega a decir: «Pruébenme en esto». Y si probamos a Dios, descubriremos que él puede hacer más con el noventa por ciento, que nosotros con el cien por ciento. Esto convierte la administración de las finanzas en un juego de dar que se vuelve más divertido mientras más damos. Y mientras más le entreguemos, más podremos disfrutar lo que conservamos.

Cuando oramos, nos estamos liberando de las responsabilidades. Las soltamos para permitir que Dios sea Dios. Sacamos las manos del asunto y dejamos nuestras preocupaciones en las manos del Dios Todopoderoso. Y créeme: él puede lidiar con todo lo que le pongamos en las manos.

A veces tenemos miedo de orar para pedir milagros, porque tememos que Dios no nos quiera responder; sin embargo, la respuesta no depende de nosotros. Nunca sabemos si va a responder que sí, que no o que todavía no. La responsabilidad no depende de nosotros. No es a nosotros a los que nos toca responder; lo que nos corresponde es pedir. Y Jesús nos exhorta a que pidamos.

«Pidan, y se les dará; busquen, y encontrarán; llamen, y se les abrirá la puerta».

Estos tres verbos —*pedir, buscar y llamar*—, se hallan aquí en modo imperativo. En otras palabras, no son algo que vayamos a hacer una sola vez; son acciones que se repiten una y otra vez.

Sigue pidiendo. Sigue buscando. Sigue llamando.

Y yo me atrevo a añadir: ¡sigue trazando círculos!

Dibuja Círculo · *La mayor tragedia de la vida son las oraciones que no reciben respuesta porque nunca se llegaron a hacer.*

Ponte botas de goma

Salieron y predicaron por todas partes, y el Señor [...]
confirmaba su palabra con las señales que la acompañaban.

MARCOS 16.20

El primer testimonio que recibí después de escribir *El hacedor de círculos*, que es también uno de mis favoritos, se refería a una sequía que hubo en Mississippi hace cincuenta años. De una manera muy parecida a la de Honi, el hacedor de círculos, cuya oración acabó con una sequía en el Israel del siglo primero, la fe de un hombre estuvo a la altura de la situación en las tierras del Delta.

Cuando una sequía amenazaba con destruir las cosechas de toda una estación, una iglesia rural con numerosos granjeros en la congregación convocó a una reunión de oración de emergencia. Acudieron docenas de granjeros a orar. La mayoría de ellos llevaban puestos sus overoles tradicionales, ¡pero uno de ellos traía puestas botas de goma! Le dieron unas cuantas miradas divertidas, tal como le pasaba a Noé mientras estaba construyendo el arca, pero ¿acaso no es eso una manifestación excelente de fe? Si creemos genuinamente que Dios va a responder nuestra oración con lluvia, ¿acaso no es eso exactamente lo que debemos llevar puesto? ¿Por qué no vestirse de acuerdo con el milagro? Me encanta la fe sencilla y casi infantil de aquel viejo granjero veterano. Todo lo que dijo fue: «No quiero caminar de vuelta a casa mojándome los pies». Y no lo tuvo que hacer, pero todos los demás sí.

No puedo menos que preguntarme si no sería ese acto de fe el que selló el milagro. No lo sé con seguridad, pero hay algo que sí sé: ¡honramos a Dios cuando actuamos *como si* él fuera a responder nuestras oraciones! Y actuar *como si*, significa actuar de acuerdo con esas oraciones. Después de caer de rodillas, necesitamos dar un pequeño paso de fe. Y con frecuencia, esos pequeños pasos de fe se convierten en saltos gigantescos.

Como Noé, que siguió construyendo un arca día tras día, seguimos trabajando martillo en mano en el sueño que Dios nos ha dado. Como los israelitas, que dieron vueltas alrededor de Jericó durante siete días, seguimos trazando círculos alrededor de las promesas de Dios. Como Elías, que mandó varias veces a su criado a observar el cielo para ver si aparecía una nube de lluvia, esperamos activa y ansiosamente la respuesta de Dios.

Una fe de ochenta y cinco dólares

Un año antes de la compra de la vieja casa que habían estado usando los vendedores de drogas en Capitol Hill para convertirla en Ebenezer's Coffeehouse, yo di un paso de fe de ochenta y cinco dólares. Y sigo creyendo que ese paso de fe de ochenta y cinco dólares nos preparó para el milagro de tres millones de dólares que se produjo muchos años más tarde. Yo estaba en una subasta donde estaban vendiendo artículos para beneficiar a la escuela de nuestros hijos. La mayoría de la gente hacía ofertas para comprar de todo, desde proyectos de clase hasta entradas a eventos deportivos o vacaciones. Yo no. Yo tenía los ojos puestos en un artículo: un libro con los códigos de zonificación de Capitol Hill, donados por la Sociedad de Restauración de Capitol Hill.

Sabía que podría comprar un ejemplar por menos dinero *después* de tener un contrato de compra de la edificación, pero necesitaba manifestar mi fe y comprarlo *antes* de tener el contrato. Si no lográbamos conseguir ese edificio, aquello había sido un desperdicio total de dinero. Pero yo creía que Dios nos la iba a dar, así que actué de acuerdo con lo que creía, ofreciendo ochenta y cinco dólares. Conseguí el libro y, unos meses después, conseguimos el contrato por la edificación.

Algunas veces, necesitamos dar un paso de fe de ochenta y cinco dólares, solo para demostrarle a Dios que vamos en serio. Es una prueba de nuestra fe.

No te limites a orar con respecto a tu sueño; actúa de acuerdo a él. Actúa *como si* Dios te fuera a cumplir su promesa. Tal vez sea hora de que te pongas las botas de goma y actúes como si Dios te fuera a responder. Tal vez sea hora de hacer un pago inicial de ochenta y cinco dólares por tu sueño.

Compra una entrada para el espectáculo de Broadway en el que esperas que te aprueben para que seas uno de sus actores. Compra un traje nuevo para el trabajo soñado que has solicitado. Compra un mueble para la casa de tus sueños para la cual has estado ahorrando. Compra una acción. Compra una suscripción. Compra un libro.

No se trata de ninguno de esos ardides de «nómbralo y reclámalo». Si no es voluntad de Dios; si no es para la gloria de Dios, es una pérdida de tiempo, energía y dinero. En cambio, si ese sueño ha sido dispuesto por Dios, ese paso de fe de ochenta y cinco dólares lo honra a él. Dios va a honrar tu fe de ochenta y cinco dólares. Considérala como el pago inicial para la adquisición de tu sueño.

Las señales que la acompañaban

Las últimas palabras del Evangelio de Marcos son «las señales que la acompañaban».

A nosotros nos gustaría que dijera «las señales que la precedían».

Nosotros queremos que sea Dios el que vaya por delante. De esa manera, no necesitaremos ejercitar nuestra fe en absoluto. Pero estaremos haciendo las cosas al revés. Si queremos ver moverse a Dios, necesitamos movernos nosotros. Si nos parece que Dios no se está moviendo en nuestra vida, tal vez sea porque nosotros no nos estamos moviendo. Pero si nosotros nos movemos, Dios mueve cielo y tierra para honrar nuestra fe.

Llega un momento en el cual necesitamos hacer una proclamación de fe. No me estoy refiriendo a una colección de verdades teológicas escritas en un papel. Estoy hablando de una proclamación de fe escrita con nuestra vida, en la que la palabra *fe* pasa de nombre a convertirse en verbo, un verbo activo. La declaración de fe más grandiosa y real es una vida bien vivida. Es la fe encarnada por medio de riesgos y sacrificios. Es atreverse a perseguir un sueño que está destinado al fracaso si no se produce una intervención divina.

Podemos orar hasta que se nos entumezcan las rodillas, pero si nuestra oración no va acompañada de la acción, entonces no vamos a llegar a ninguna parte. Necesitamos ponerle pies a nuestra fe. Después de arrodillarnos, necesitamos ponernos de pie y dar un paso en fe. Hay un viejo adagio que dice: *un viaje de mil millas comienza con el primer paso*. Te digo a partir de mi experiencia que ese primer paso siempre es el más difícil y el más largo. Es el que va a exigir más fe. Es el que nos va a parecer más incómodo. Pero si damos un paso en fe, las señales nos acompañarán. De hecho, una avalancha de bendiciones descenderá sobre nosotros hasta abrumarnos. Quedaremos enterrados en las bendiciones de Dios.

Pies mojados

Cuando los israelitas estaban a punto de entrar en la tierra prometida, Dios ordenó que los sacerdotes entraran al río. Esa es una de las órdenes más contrarias a la lógica que hay en las Escrituras: «Cuando lleguen a la orilla del río Jordán, den unos cuantos pasos dentro del río [NTV]».

No sé qué pensarás tú, pero a mí en particular no me gusta mojarme los pies. Me agradaría mucho más que Dios abriera el río y lanzarme yo hacia el milagro. De esa manera, no me mojaría los pies, pero si no estamos dispuestos a mojarnos los pies, nunca caminaremos por tierra seca en medio de ríos divididos para que pasemos.

En los tiempos de inundación, el río Jordán alcanzaba alrededor de sesenta metros de ancho. Eso era todo lo que separaba a los israelitas de su promesa de cuatrocientos años. Su sueño estaba prácticamente a un tiro de piedra de distancia. Pero si los sacerdotes no hubieran entrado al río, se habrían podido pasar el resto de su vida en la orilla oriental del río Jordán. Y allí es donde muchos se pasan la vida. Estamos muy cerca del sueño, muy cerca de la promesa, muy cerca del milagro. Pero estamos esperando a que Dios abra el río, mientras esperan que nosotros nos mojemos los pies.

Nunca veremos cómo abre Dios el río Jordán si nuestros pies están firmemente plantados en tierra seca. En cambio, si entramos al río, Dios lo va a abrir para que pasemos.

Dibuja
el
Círculo

Si quieres ver a Dios moverse,
te tienes que mover.

Una idea de Dios

«Habla con la tierra, y ella te enseñará».
JOB 12.8

A principios del siglo veinte, la economía agrícola del sur de Estados Unidos estaba sufriendo mientras el gorgojo devastaba las cosechas de algodón. Los nutrientes del suelo se habían ido gastando, porque los agricultores sembraban el algodón un año tras otro.

Fue entonces cuando hizo su aparición George Washington Carver, una de las mentes científicas más brillantes del siglo veinte. Carver introdujo el concepto de la rotación de cosechas y animó a los agricultores a sembrar cacahuetes en lugar de algodón. La rotación de las cosechas le dio nueva vida al suelo, pero no reavivó la economía, porque no había mercado para los cacahuetes. Las abundantes cosechas de cacahuete se podrían en los almacenes, porque la oferta era mayor que la demanda. Cuando aquellos frustrados agricultores se le quejaron a Carver, él hizo lo que siempre había hecho: dio una larga caminata y tuvo una larga conversación con Dios.

George Washington Carver tenía la rutina de levantarse a las cuatro de la mañana, caminar por los bosques y pedirle a Dios que le revelara los misterios de la naturaleza. Job 12.7–8 era uno de los textos que más había rodeado con círculos:

> «Pero interroga a los animales, y ellos te darán una lección; pregunta a las aves del cielo, y ellas te lo contarán; habla con la tierra, y ella te enseñará; con los peces del mar, y te lo harán saber».

Carver tomaba aquella promesa al pie de la letra. Le pedía literalmente a Dios que le revelara los misterios de la naturaleza. Y Dios respondía su oración. Carver es famoso por haber descubierto más de trescientos usos para el cacahuete, pero el origen de esas revelaciones era una conversación con Dios. En su propio estilo inigualable, Carver contaba la historia tras su relato.

Le pregunté a Dios: «¿Por qué hiciste el universo, Señor?».

«Pregúntame algo que sea más adecuado a esa pequeña mente tuya», me contestó Dios.

«¿Por qué hiciste la tierra, Señor?», le pregunté.

«Tu pequeña mente todavía quiere saber demasiado. Pregúntame algo que esté más en proporción con esa pequeña mente tuya», me respondió Dios.

«¿Por qué hiciste al hombre, Señor?», le pregunté.

«Todavía es demasiado. Demasiado. Pregunta otra vez», me contestó Dios.

«Explícame por qué hiciste las plantas, Señor», le pregunté.

«Todavía tu pequeña mente quiere saber demasiado».

«¿Y el cacahuete?», le pregunté sumisamente.

«¡Sí! Teniendo en cuenta tus modestas proporciones, te voy a otorgar el misterio del cacahuete. Llévalo a tu laboratorio y sepáralo en agua, grasas, aceites, gomas, resinas, azúcares, almidones y aminoácidos. Después combina de nuevo estas tres cosas bajo mis tres leyes de compatibilidad, temperatura y presión. Entonces sabrás para qué hice el cacahuete».

El 20 de enero de 1921, George Washington Carver testificó ante el Comité de Formas y Medios de la Casa de Representantes en nombre de la United Peanut Association of America [Asociación Unida Americana del Cacahuete]. El presidente, Joseph Fordney, de Michigan, le dijo que tenía diez minutos. Una hora y cuarenta minutos más tarde, el comité le dijo a Carver que podía regresar cada vez que quisiera y tomarse tanto tiempo como necesitara. Carver fascinó al comité al demostrarle un sinnúmero de usos ingeniosos para el cacahuete, desde goma de pegar hasta crema de afeitar, jabón, insecticida, cosméticos, barniz para la madera, fertilizante, linóleo y salsa Worcestershire [salsa inglesa para carnes].

La próxima vez que te afeites o te pongas maquillaje; la próxima vez que barnices la cubierta o fertilices tu jardín; la próxima vez que disfrutes de una buena combinación de mantequilla de cacahuete con jalea a la antigua, recuerda que todas esas cosas se remontan a un hombre que tenía el hábito de orar a las cuatro de la mañana.

Aquellos trescientos usos del cacahuete *no eran* buenas ideas; eran ideas de Dios. Y una idea de Dios vale más que mil buenas ideas.

Las buenas ideas son buenas, pero solo las ideas de Dios cambian el curso de la historia.

Las ideas de Dios

Cada año tenemos un tema anual en la National Community Church. No se trata de ninguna frase pegajosa que rime con el nombre del año, como «La iglesia crece en el 2013». Es el producto secundario de que hayamos tratado de entrar a la presencia de Dios y discernir lo que quiere hacer en nosotros y por medio de nosotros. El tema de este año es muy sencillo: *entra a la presencia de Dios.*

Esa es la solución a todos los problemas. Es la respuesta a todas las preguntas. No es en las conferencias donde recibimos una visión de parte de Dios. Tal vez salgamos de allí con unas cuantas buenas ideas, pero las ideas de Dios solo se nos revelan en la presencia de él.

Todos necesitamos alguna forma de consejería en algún punto de nuestra vida, pero nuestros mayores problemas solo se resuelven en la presencia de Dios.

Decídete a hacer una reunión de planificación. Al fin y al cabo, no planificar es planificar el fracaso. Pero no te limites a pedir sugerencias; dedíquense a orar en serio. Los mejores planes nacen en la presencia de Dios.

En algún punto de nuestra vida, lo mejor que nosotros podemos hacer no es lo suficientemente bueno. Nuestras mejores soluciones, ideas y esfuerzos no bastan. Entonces es cuando necesitamos caer de rodillas y confiar en que Dios haga lo que solo él puede hacer. Al fin y al cabo, *la oración es la diferencia entre lo mejor que tú puedes hacer y lo mejor que Dios puede hacer.* ¡Y esa diferencia sí que es grande!

Si caemos de rodillas, el Espíritu Santo cargará las cosas pesadas. Si caemos de rodillas, el Espíritu Santo nos revelará cosas que solo se pueden descubrir en la presencia de Dios. Si caemos de rodillas, el Espíritu Santo nos dará ideas divinas para nuestro ministerio, nuestra familia, nuestro negocio... para nuestra vida.

La solución a diez mil problemas

A. W. Tozer, místico moderno, creía que tener un bajo concepto de Dios es la causa de un centenar de males menores, pero tener un alto concepto de Dios es la solución a diez mil problemas temporales. Si eso es cierto, y yo creo que lo es, entonces tu mayor problema no es un proceso de divorcio ni un diagnóstico médico o un negocio que fracasa. Comprende, por favor, que no estoy hablando a la ligera de tus problemas de relaciones, económicos o de salud. Ciertamente, no quiero minimizar los abrumadores desafíos a los que tal vez te estés enfrentando. Pero con el fin de recuperar un punto de vista piadoso con respecto a tus problemas, es necesario que respondas a esta pregunta: *¿son mis problemas más grandes que Dios o es Dios más grande que mis problemas?*

El mayor de nuestros problemas es el concepto tan limitado que tenemos de Dios. Esa es la causa de todos nuestros males menores. En cambio, un alto concepto de Dios es la solución a todos los demás problemas.

Mientras no lleguemos a estar convencidos de que la gracia y el poder de Dios no tienen límites, estaremos trazando pequeños círculos de oración. Pero una vez que aceptemos de veras la omnipotencia de Dios, estaremos trazando círculos cada vez más grandes alrededor de los sueños del tamaño de Dios que nos ha dado él mismo.

¿De qué tamaño es tu Dios?

¿Es lo suficientemente grande para sanar tu matrimonio o sanar a tu hijo? ¿Es más grande que una resonancia magnética con un resultado positivo o que una evaluación negativa? ¿Es más grande que tu peor pecado, tu mayor temor o tu sueño más grande?

Si Dios es mayor que todas esas cosas, entonces ora de acuerdo con lo que crees acerca de él.

Dibuja
el
Círculo

Una idea que viene de Dios
vale más que mil buenas ideas.

La fábrica de sueños

Llevamos cautivo todo pensamiento
para que se someta a Cristo.
2 CORINTIOS 10.5

Tengo un amigo que se dedica a cambiar el mundo, ayudando a los niños desnutridos de uno en uno.

En el otoño de 2008, Mark Moore estaba trabajando en Capitol Hill después de haber pasado diez años en África como misionero. Fue entonces cuando una sesión informativa dada por un representante de la UNICEF cambió la trayectoria de su vida. El representante habló de un revolucionario suplemento alimenticio llamado RUTF —siglas de «Ready-to-Use Therapeutic Food» [«Comida Terapéutica Lista para Usar»]— y presentó un video del programa televisivo "60 Minutes" en el cual aparecía Anderson Cooper llamándolo «el avance más importante de todos los tiempos para curar y tratar la desnutrición». Para Mark, descubrir el RUTF fue como descubrir la cura para el cáncer. Era más que una buena idea; él sabía que era una idea de Dios.

El ingrediente primario del RUTF es la pasta de cacahuetes. Los cacahuetes son ricos en calorías y en proteínas, las cuales sostienen el sistema inmunológico. Y la combinación de vitaminas y minerales es fácilmente digerible para las personas cuyo estómago se ha reducido a causa de la desnutrición. Es el alimento perfecto; el alimento milagroso. No estoy seguro de que George Washington Carver supiera que la pasta de cacahuetes se convertiría en la mayor de las armas en la lucha contra la desnutrición, pero Dios sí lo sabía. Y la revelación que salvó la economía agrícola del sur de Estados Unidos hace cien años tiene hoy el potencial de salvar millones de vidas. Ese es el potencial de una idea de Dios. Es el producto secundario de una oración.

El 16 de octubre de 2009, Mark lanzó MANA, nombre formado con las siglas de Mother Administered Nutritive Aid [Ayuda Nutritiva Administrada por la Madre]. Pero en realidad, el acrónimo tenía un significado doble. Como el maná que Dios les dio a los israelitas en el desierto, es un milagro para aquellos que lo reciben.

Después de entrar al río Jordán y lanzar el MANA, Mark se dedicó a construir unas instalaciones que pudieran producir cantidades masivas del RUTF a precios económicos, pero sabía que Dios tendría que abrir las aguas. Se enfocó en Georgia, puesto que era la capital del cacahuete en el país, e identificó un pueblo llamado Fitzgerald. Cuando habló con el alcalde de la visión del MANA, este le dijo que haría todo lo que estuviera a su alcance para facilitar y agilizar los permisos de construcción, si Mark podía recoger un millón de dólares. Un viaje a Houston y un donante generoso como un ángel, resolvieron el problema del millón de dólares. Y al cabo de dos semanas, comenzó la construcción en unas dependencias de dos mil ochocientos metros cuadrados que puede producir hasta dieciocho mil paquetes de RUFT por hora. El mes pasado, MANA produjo más de un millón de estos paquetes destinados a salvar vidas.

La fábrica de sueños

Ahora bien, aquí está el resto de la historia.

Poco después de entrar en su espíritu esta idea de Dios, Mark me envió un mensaje electrónico con el título de «Un millón de vidas salvadas en Ebenezer's». ¡Aquello sí que captó mi atención! En el mensaje, Mark explicaba que la visión de fabricar el MANA había sido concebida en nuestra cafetería. Y el lanzamiento oficial, que se celebró en el Día Mundial de la Alimentación, también tuvo lugar en Ebenezer's. Así que me sentí cómplice de una santa conspiración.

Entonces recordé una oración que habíamos hecho muchos años antes. Y uní los puntos entre esa oración profética y su cumplimiento. El 13 de marzo de 2006, le dedicamos Ebenezer's Coffeehouse al Señor.

Les impusimos manos a las paredes, escribimos oraciones en los pisos y oramos por todas las personas que entraran por nuestras puertas... entre las cuales estaría incluido Mark.

No obstante, el momento más memorable fue cuando uno de los miembros de nuestro personal oró específicamente para que Ebenezer's fuera *una fábrica de sueños*. Fue uno de esos momentos en los que uno casi abre los ojos durante la oración para ver si ha causado el mismo impacto en los demás. Era una oración específica; una oración profética. Esa oración ha sido respondida centenares de veces desde el momento en que se hizo. Y Mark es un ejemplo de cómo Dios puede responder una oración de una manera que afecta a millones de vidas. Esto es lo que escribió Mark:

El sueño del MANA adquirió forma en la fábrica de sueños que es Ebenezer's Coffeehouse. Su excelente café y su Wi-Fi gratuito hacían de ella la oficina perfecta. A medida que ese sueño comenzaba a cristalizar y yo empezaba a reunir recursos y relaciones para perseguirlo, Ebenezer se convirtió en el lugar de reunión. Allí se produjeron una reunión tras otra. Muchas fueron planificadas y fijadas con un «nos encontramos en Ebenezer's a las dos de la tarde», pero muchas más se produjeron por accidente. Esas reuniones llevaban a nuevas ideas, nuevas sociedades, nuevas oportunidades y nuevas relaciones que terminaron llevándonos a donde estamos hoy.

La grave desnutrición aguda no será detenida por una organización dedicada a poner pasta de cacahuetes en una bolsa plástica, pero podemos lanzar el mayor ataque de todos los tiempos contra la desnutrición y las muertes innecesarias que trae consigo.

Esta idea, concebida en el espíritu de Mark en Ebenezer's Coffeehouse, era más que una buena idea; era una idea de Dios. Y cuando uno recibe una idea de Dios, necesita mantenerla cautiva. En palabras de Pablo, «llevar cautivo todo pensamiento para que se someta a Cristo».

Durante mis años de formación, oí interpretar constantemente este versículo en términos negativos. Era tomar cautivos los pensamientos pecaminosos para hacerlos obedientes a Cristo. Y esa es la mitad de la batalla. Pero si solo vemos las implicaciones negativas, y no las posibilidades positivas, se convierte en una verdad a medias. Este versículo no se refiere solo a capturar los pensamientos pecaminosos para sacarlos de nuestra mente; también se refiere a capturar los pensamientos creativos para mantenerlos dentro de nuestra mente. Significa administrar correctamente toda palabra, todo pensamiento, toda impresión y toda revelación que hayan sido inspirados por el Espíritu de Dios.

La primera mitad consiste en tomar cautivos todos los pensamientos. Una de las mejores formas de capturar los pensamientos es llevar un diario de oración. La segunda mitad consiste en hacerlos obedientes a Cristo; y eso exige sangre, sudor y lágrimas.

Cuando tenía diecinueve años, escuché un mensaje acerca de Benaías, el guardaespaldas del rey David que dio caza a un león hasta un foso en un día de nieve, y lo mató. Cuando escuché aquel mensaje, un pensamiento me atravesó las células cerebrales como un relámpago: *si alguna vez escribo un libro, lo quiero escribir acerca de ese versículo de la Biblia.* ¡Ese pensamiento lo mantuve cautivo durante otros diecinueve años! Entonces lo hice obediente a Cristo, poniendo el despertador para que sonara a una hora temprana de la mañana, sentándome ante mi teclado y escribiendo un libro que se tituló *Con un león en medio de un foso.* Ese libro comenzó como una idea de Dios, pero escribirlo fue un acto de obediencia.

Nolan Bushnell, el creador del sistema de juegos de video llamado Atari, afirmó en una ocasión: «Todo aquel que se haya duchado alguna vez, ha tenido alguna idea. Es la persona que sale de la ducha, se seca y hace algo acerca de esa idea la que marca una diferencia».

Dibuja el Círculo

Nunca subestimes el poder de una sola oración.

Una fe loca

«Esta viuda no deja de molestarme».

LUCAS 18.5

M e encanta la parábola de la viuda insistente. Sin que le esté que-
riendo faltar al respeto, creo que llamar *insistente* a alguien es una
manera elegante de decirle *loco*. La mujer estaba loca, pero cuando la
causa es justa, ¡es una santa locura!

No se nos dice cuál era la injusticia que se había cometido, pero
aquella mujer estaba dedicada a una misión. Tal vez hubieran encar-
celado injustamente a su hijo por un delito que no había cometido. Tal
vez el hombre que había violado a su hija todavía andaba suelto por la
calle. No lo sabemos con seguridad. Pero fuera lo que fuera, ella no se
conformaba con una respuesta negativa. Y el juez lo sabía. El juez sabía
que ella trazaría círculos alrededor de su casa, hasta conseguir que se le
hiciera justicia o hasta el día de su muerte. El juez sabía que aquella loca
nunca iba a darse por vencida.

¿Sabe eso *el Juez* con respecto a ti?

¿Hasta qué punto sientes desespero por ver la bendición, el ade-
lanto, el milagro? ¿Estás lo suficientemente desesperado como para
pasarte la noche orando? ¿Cuántas veces estás dispuesto a trazar un círculo alrededor de la promesa? ¿Hasta el día de tu muerte? ¿Por cuánto
tiempo vas a estar tocando a la puerta de la oportunidad? ¿Hasta que
se te pongan los nudillos en carne viva? ¿Hasta que tumbes la puerta
con tus golpes?

Como sucedió con Honi, el hacedor de círculos, la metodología
de la viuda insistente no era muy ortodoxa. Habría podido, y técnica-
mente habría debido, esperar a que le llegara el día de presentarse ante el

tribunal. Ir a la residencia particular del juez era cruzar una línea profesional. Me siento casi sorprendido de que el juez no emitiera una orden de alejamiento contra ella. Pero esto revela algo acerca de la naturaleza de Dios. *Lo menos que le preocupa a Dios es el protocolo.* De lo contrario, Jesús habría escogido como discípulos a los fariseos. Pero no fue a ellos a los que él honró.

Jesús honró a la prostituta que echó a perder una fiesta en la casa de un fariseo para ungirle a él los pies. Jesús honró al recaudador de impuestos que se subió a un árbol con su traje y su chaleco, solo para poderlo ver. Jesús honró a los cuatro amigos que desordenaron la fila abriendo un agujero en el techo de alguien para ayudar a su amigo. Y en esta parábola, Jesús honra a aquella enloquecida mujer que estaba volviendo loco a un juez, porque no dejaba de tocar a su puerta.

El común denominador de todas estas historias es una fe loca. Personas que tomaban unas medidas desesperadas para llegar hasta Dios y Dios las honraba por haberlo hecho. Nada ha cambiado. Dios sigue honrando a los desesperados espirituales que echan a perder fiestas y se suben a los árboles. Dios sigue honrando a los que desafían el protocolo con sus osadas oraciones. Todavía honra a aquellos que oran con audacia y tenacidad. Y escoge a esta loca mujer como el patrón oro, cuando de orar intensamente se trata. Su inquebrantable insistencia era la única diferencia entre la justicia y la injusticia.

La viabilidad de nuestras palabras no depende de que ordenemos las veintisiete letras del alfabeto para lograr combinaciones correctas, como la de *abracadabra*. Dios ya conoce hasta el punto final, antes que nosotros pronunciemos la primera sílaba. La viabilidad de nuestras oraciones tiene más que ver con la intensidad que con el vocabulario. Tiene más que ver con lo que hacemos, que con lo que decimos.

No te limites a orar acerca de ese asunto; actúa al respecto.

En la vida hay momentos definidores en los cuales necesitamos demostrarle a Dios que vamos en serio, que no se trata de «lo mismo de siempre». De hecho, solo cuando dejamos a un lado «lo mismo de siempre» es cuando estamos haciendo lo que a Dios le interesa: estamos en los asuntos de nuestro Padre. Entonces es cuando estamos a punto de lograr un avance espiritual.

Estar loco es normal

Josh Sexton pastorea una congregación recién fundada en Carolina del Norte. Es la iglesia Relevant Truth. Dios está haciendo cosas asombrosas allí. Hay gente, que nunca habría atravesado la puerta de una iglesia, que está encontrando una relación con Cristo en un parque de patinaje bajo techo que ha sido convertido en santuario. Pero como sucede con muchas iglesias recién nacidas, hay más visión que dinero. Relevant Truth se estaba enfrentando a que anularan su contrato de alquiler del edificio, si no podían conseguir la mensualidad de tres mil quinientos dólares cuando Josh tuvo una idea mientras leía *El hacedor de círculos*. Uno de los líderes de la iglesia cuenta lo que sucedió.

Josh me pidió que pasara al frente durante un culto de adoración. Me entregó una lata de pintura aerosol y me pidió que pintara un círculo en la plataforma. Entonces fue cuando nos dijo que no iba a salir de aquel círculo mientras Dios no proveyera lo que la iglesia necesitaba. Con el beneplácito de su esposa, puso allí una cama y un inodoro portátil. Todo lo que tenía era su Biblia y su diario de oración. Tres veces al día, su esposa le llevaba comida. Mi esposa y yo vivimos en la misma calle que ellos, así que la ayudábamos con los niños.

Me parece que Josh había llegado al punto de la desesperación. Para que aquello funcionara, Dios iba a tener que presentarse y actuar. Y pienso que él tenía realmente el plan de permanecer dentro de aquel círculo hasta que Dios hiciera algo grande. De locos, ¿no es cierto?

¿De locos?

¡Tal vez no sea tan loco!

Tal vez lo que para nosotros es normal sea tan subnormal que lo normal nos parezca anormal. Tal vez necesitamos una nueva definición de normal. Las oraciones osadas y los grandes sueños son normales. Todo lo que esté por debajo de ellos es subnormal. Y cuando las oraciones osadas se convierten en lo normal, lo mismo les sucede a los avances milagrosos que las siguen.

Sé que habrá muchos detractores que le encontrarán defectos a la manera en que Josh hizo las cosas, pero algunas veces, uno necesita hacer algo loco, algo arriesgado, algo dramático. Eso es lo que hizo Honi, el hacedor de círculos cuando trazó uno en la arena y declaró que no saldría de él hasta que lloviera. El Sanedrín estuvo a punto de excomulgarlo, porque pensaba que su oración era demasiado atrevida. Pero no se puede discutir con un milagro, ¿no es cierto? Aquella oración tan radical tuvo la lluvia por consecuencia. Y Honi fue honrado por haber hecho «la oración que salvó a una generación».

Dicho sea de paso, sigue habiendo un Sanedrín en cada organización, cada denominación y cada iglesia. Pero no permitas que los criticones y los detractores te impidan hacer algo loco, si sabes que Dios te llamó a hacerlo. Y dicho de paso también, la iglesia Relevant Truth no solo consiguió un nuevo contrato de alquiler para su edificio, ¡sino que también consiguió un nuevo contrato para su fe!

En las Escrituras existe un patrón que se repite: los milagros locos son nacidos de una fe loca. Lo normal engendra normalidad. Lo loco engendra locura. Si queremos ver a Dios haciendo milagros locos, necesitamos hacer oraciones locas.

Dibuja el Círculo

Las oraciones valientes honran a Dios y Dios honra las oraciones valientes.

Observador de primera

Dedíquense a la oración:
perseveren en ella con agradecimiento.
COLOSENSES 4.2

El verbo traducido como *perseverar* nos lleva de vuelta a la práctica seguida en el Antiguo Testamento que consistía en sentarse en el muro de una ciudad para mantenerse observando. Los vigías eran los primeros en ver a los enemigos que venían a atacar la ciudad o a los mercaderes itinerantes. Estaban en un lugar donde tenían una vista privilegiada. Veían cosas que nadie más veía y antes que los demás las vieran. Y eso es precisamente lo que sucede cuando nosotros oramos. Vemos cosas que nadie más ve. Vemos las cosas antes que los demás las vean. Nos convertimos en vigías de Dios.

La oración marca la diferencia entre ver con nuestros ojos físicos y ver con nuestros ojos espirituales. La oración nos hace ver lo que ven los ojos de Dios. Permite que nos percatemos mucho antes de las cosas y nos da un sexto sentido que nos capacita para percibir unas realidades espirituales que se hallan más allá de nuestros cinco sentidos.

En su libro clásico *Geeks & Geezers* [Genios y veteranos], Warren Bennis y Robert Thomas, líderes del mundo de los negocios, hacen una interesante observación acerca de un común denominador que existe entre los líderes que triunfan en todos los campos. Bennis y Thomas los llaman «los observadores de primera».

El hecho de ser un observador de primera le permite a la persona reconocer el talento, identificar las oportunidades y evitar los inconvenientes. Los líderes que triunfan una y otra vez son genios en cuanto a captar los contextos. Esta es una de esas características, como el sabor, cuyos componentes son difíciles de separar. Pero la capacidad para sopesar todo un maremágnum de factores, algunos tan sutiles como la forma en que unos grupos de personas muy diferentes van a interpretar un gesto, es uno de los distintivos de un verdadero líder.

La oración nos convierte en observadores de primera. Nos ayuda a ver lo que Dios quiere que observemos. Mientras más oremos, más observaremos; mientras menos oremos, menos observaremos. Así de sencillo.

Permíteme que te explique cómo funciona esto desde el punto de vista neurológico. Hay un grupo de células nerviosas en la base de nuestro cerebro que recibe el nombre de sistema de activación reticular y es el que monitorea nuestro ambiente. Son incontables los estímulos que nos bombardean constantemente y que tratan de captar nuestra atención, y la función del sistema de activación reticular consiste en decidir qué notamos y qué no.

Así que descargas un nuevo timbre en tu teléfono móvil. Y juras que nunca antes lo has escuchado, pero después de descargarlo, te parece como si todo el mundo tuviera ese mismo timbre. No se trata de que una gran cantidad de personas hayan salido a conseguirlo y descargarlo cuando vieron que tú lo hiciste. Se trata del simple hecho de que cuando descargaste ese timbre, él creó una categoría en tu sistema de activación reticular. Nunca habías notado el timbre antes de descargarlo, porque no tenía importancia para ti. Una vez que lo descargaste, el sistema de activación reticular lo reconoció como relevante.

Cuando oras por alguien o por algo, esto crea una categoría en tu sistema de activación reticular. Comienzas a notar todo lo que se relaciona con esas oraciones. ¿Has notado alguna vez que cuando oras, se producen coincidencias? En cambio, cuando no oras, esas coincidencias no se producen. Es algo que va más allá de las coincidencias; es la providencia. La oración crea oportunidades divinas. Pero también santifica el sistema de activación reticular y te capacita para ver las oportunidades dispuestas por Dios que se encuentran a tu alrededor todo el tiempo. Y una vez que las ves, las tienes que aprovechar.

La palabra aramea que traducimos como oración (*slothá*) significa «preparar una trampa». Las oportunidades se parecen a los animales salvajes. Son difíciles de capturar. Para poderlas atrapar, hay que ponerles trampas de oración.

Muchas veces pensamos en la oración como algo que no es otra cosa que unas palabras dirigidas a Dios, pero tal vez sea más que eso. La oración no es un monólogo, sino un diálogo. Le hablamos a Dios con todo, desde palabras hasta gemidos y pensamientos. Y Dios nos habla a nosotros por medio de sueños, anhelos, impulsos, impresiones e ideas.

El sexto sentido

Hay un viejo refrán que dice: *la belleza está en los ojos del que mira*. En realidad, *todo* está en los ojos del que mira. Las emociones que experimentamos no reflejan nuestra realidad externa; reflejan nuestra realidad interna. No vemos el mundo tal como él es; lo vemos tal como nosotros somos. Por eso la oración tiene una importancia tan crucial. Es una manera de ver la realidad... y, más concretamente, la realidad que se halla más allá de la que podemos percibir por nuestros cinco sentidos.

Hay algunas cosas que no podemos percibir con nuestros cinco sentidos; solo las podemos concebir gracias al Espíritu Santo. Hay cosas que no podemos deducir por medio de nuestro razonamiento deductivo; solo nos las podemos imaginar por medio del Espíritu Santo. Hay cosas que no podemos aprender por medio de la lógica; solo nos las puede revelar el Espíritu Santo.

El Espíritu Santo hace una compensación por nuestros límites sensoriales, al capacitarnos para concebir cosas que no podemos percibir por medio de nuestros cinco sentidos. Considera esto una especie de sexto sentido. La revelación del Espíritu nos da una percepción extrasensorial, en el aspecto más real de la palabra. Nos ayuda a ver lo invisible y escuchar lo inaudible. Pero necesitamos cultivar ese sexto sentido de una manera muy similar a como necesitamos cultivar nuestros cinco sentidos corporales. Nuestra visión espiritual se desarrolla de una manera muy similar a como se desarrolla nuestra visión física.

Cuando los bebés hacen su grandiosa entrada a este mundo, la resolución de su visión es cuarenta veces menor que la de un adulto normal. Carecen de percepción de la profundidad. Y su alcance visual es solamente de unos treinta centímetros. Reciben el mundo con una baja definición, es bidimensional con solo un diámetro de veintitrés centímetros. De manera lenta, pero soberana, el mundo comienza a adquirir anchura, amplitud y profundidad. Ya a los cuatro meses, el bebé puede percibir la profundidad estereoscópica. Al cabo de los seis meses, su agudeza visual se ha quintuplicado. Su mundo en blanco y negro ha estallado para recibir un caleidoscopio de colores, y tiene el control voluntario de los movimientos de los ojos. Y cuando celebra su primer cumpleaños, el niño ve el mundo casi tan bien como un adulto.

Nuestros ojos espirituales se desarrollan de una manera muy similar. Y la oración es la clave de la percepción. Antes que se nos abran nuestros ojos espirituales, el mundo solo tiene un diámetro de veintitrés centímetros. Es como vivir en un mundo de baja definición y bidimensional. Entonces, el Espíritu Santo nos da percepción de la profundidad. Nos abre los ojos para que veamos los milagros ordinarios que nos rodean; los milagros normales que somos nosotros mismos. Es como si nos quitara nuestras cataratas espirituales para revelar una realidad que siempre ha estado presente. Al igual que Jacob, llegamos a la comprensión más elevada de todas: «En realidad, el Señor está en este lugar, y yo no me había dado cuenta».

Cuando abrimos nuestros ojos espirituales, comenzamos a ver a Dios dondequiera que miramos. Vemos su imagen en los demás. Vemos las huellas de sus dedos en su creación. Vemos las oportunidades que él ha dispuesto y que han estado alrededor de nosotros todo el tiempo.

Es algo como lo que sucede cuando vemos una película con los lentes tridimensionales; cuando nosotros oramos, Dios viene a nosotros de maneras que nos asombran y emocionan.

Dibuja el Círculo

Tú no ves el mundo tal como
él es; lo ves tal como eres.

Siembra una semilla

«Si tienen fe tan pequeña como un grano de mostaza...».
MATEO 17.20

Pararse debajo de una secuoya gigante es como estar a la sombra del Creador. Esta experiencia fue absolutamente sobrecogedora para mí la primera vez que visité el Parque Nacional de Yosemite. Esos magníficos árboles pueden medir más de seis metros de ancho y alcanzar alrededor de noventa metros de altura. El sistema de raíces desciende unos cuatro metros y después se extiende por una zona que tiene unos veinticinco metros de diámetro. Su resistencia a las enfermedades, los daños producidos por los insectos y los incendios los hace casi indestructibles. Y su capacidad interna para reciclarse y regenerarse contribuye a que tengan una vida de dos mil años de duración.

Ahora bien, he aquí lo asombroso: una secuoya gigante comenzó siendo una semilla. Y esa semilla de secuoya no es mayor que la que produce una planta de tomate. Ese es el poder de una sola semilla. Y una secuoya, cuando madura, produce cuatrocientas mil semillas, ella sola cada año. Así que en cada semilla no hay solamente un árbol. Hay todo un bosque.

Y dijo Dios: «¡Que haya vegetación sobre la tierra; que ésta produzca hierbas que den semilla, y árboles que den su fruto con semilla, todos según su especie!».

Pero nosotros nos limitamos a seguir leyendo el relato del Génesis, como si nada hubiera sucedido. De acuerdo: hay criaturas mucho más espectaculares que una simple semilla: el sol, la luna y las estrellas, por ejemplo. Pero es posible que la semilla sea el ejemplo más asombroso de la prolífica creatividad de Dios. Y ciertamente, le debemos dar gracias por todas las clases de semillas cada vez que comemos las frutas que producen: semillas de naranja, de manzana, de fresa, de pomelo, de granada o de sandía.

¿Te puedes imaginar la vida sin ninguna de esas semillas?

William Jennings Bryan, famoso por el papel que desempeñó en el juicio de Scopes en 1925, comparó en una ocasión el misterio de Dios con una semilla de sandía:

> He observado la semilla de sandía. Tiene el poder de sacar del suelo a través de sí misma doscientas mil veces su peso; así que cuando usted me pueda decir cómo se adueña de ese material y hace con sus colores una superficie exterior que es mejor que una imitación de arte, y entonces forma debajo una corteza blanca, y más adentro todavía un corazón de color rojo, repleto de semillas negras, cada una de las cuales es capaz de tomar a través de sí misma doscientas mil veces su peso; cuando me pueda explicar el misterio de la sandía, me podrá pedir que le explique el misterio de Dios.

La semilla de mostaza

Para poder comprender el potencial que tiene la fe, tenemos que entender el poder que tiene una semilla. Jesús habló de nuestra fe en relación con una semilla de mostaza, la más pequeña que se conocía en aquella cultura. Como todas las semillas, necesita germinar, y esta semilla en particular se puede llevar hasta diez días para hacerlo. Hay algunas plantas que, como algunos sueños, se toman mucho más tiempo. ¡Mi sueño de escribir tuvo que estar germinando durante trece años! Y con algunas de mis metas, van a pasar décadas para que se realicen. La fe es la que mantiene vivos esos sueños, aunque nos dé la impresión de que están muertos y sepultados. Pero esa es la naturaleza misma de las semillas. Se quedan enterradas en el suelo. Desaparecen. Y cuando cualquiera pensaría que están muertas, no lo están. Solo están germinando debajo de la superficie.

Si vieras una semilla de mostaza, pero no supieras lo que es, te costaría trabajo imaginarte en qué se puede llegar a convertir. Su potencial viene disfrazado en un paquete increíblemente pequeño. No tendrías ni idea de que la mostaza que le pones a tu pan con salchicha es el producto secundario de una pequeña semilla que fue sembrada en la tierra. No sabrías en qué se va a convertir esa semilla cuando crezca, ni lo grande que puede llegar a ser. Y eso es cierto con respecto a todas las semillas. ¿Serías capaz de adivinar que una bellota se va a convertir en un roble? ¡Nunca adivinarías que una semilla negra se va a convertir en una sandía verde con un interior rojo que tiene un sabor estupendo!

En caso de que te lo estés preguntando, esa pequeña semilla de mostaza contiene todos los nutrientes que necesitas para sobrevivir. Está repleta de vitaminas B1, B6, C, E y K. Es fuente de calcio, hierro, magnesio, fósforo, potasio, selenio y zinc. La fe es muy parecida. No parece gran cosa, pero nunca sabemos en lo que se puede convertir. Un poco de fe llega muy lejos; de hecho, un poco de fe dura toda una eternidad.

La velocidad de una semilla

Hacia el final de su vida, Honi, el hacedor de círculos, iba por un camino de tierra cuando vio que un hombre estaba plantando un algarrobo. Honi le preguntó: «¿Cuánto tiempo se va a tomar ese árbol para dar fruto?». El hombre le dijo: «Setenta años». Honi le respondió: «¿Estás seguro de que vas a vivir setenta años para comer de su fruto?». El hombre le dijo: «Tal vez no. Sin embargo, cuando llegué a este mundo, me encontré muchos algarrobos plantados por mi padre y mi abuelo. Y así como ellos plantaron árboles para mí, yo estoy plantándolos para mis hijos y mis nietos, para que ellos puedan comer del fruto de estos árboles».

Este incidente llevó a Honi a un grado de comprensión que cambió su forma de orar. En un momento de revelación, el hacedor de círculos comprendió que orar es sembrar. Cada oración es como una semilla plantada en la tierra. Desaparece por un tiempo, pero termina dando un fruto que bendice a las generaciones futuras. De hecho, nuestras oraciones dan fruto para siempre.

Aunque nosotros muramos, nuestras oraciones no mueren. Cada una de ellas adquiere vida propia y es una vida eterna.

Como estamos rodeados de una tecnología que hace nuestra vida más rápida y fácil, tendemos a pensar en las realidades espirituales en función de la tecnología también. Queremos cosechar al segundo de haber sembrado. Queremos que Dios nos dé respuestas como un horno de microondas, instrucciones al estilo de MapQuest e indicaciones por Twitter. Queremos que las cosas pasen a la velocidad de la luz, no a la de una semilla sembrada en la tierra, pero en las Escrituras se describen casi todas las realidades espirituales en términos agrícolas. Queremos que nuestros sueños se conviertan en realidad de la noche a la mañana. Queremos que Dios responda de inmediato a nuestras oraciones. Pero esa no es la forma en que operan las cosas en el reino de Dios.

Necesitamos la paciencia del sembrador.

Necesitamos la previsión del granjero.

Necesitamos la mentalidad del sembrador.

Nos preocupamos excesivamente con los resultados, en vez de centrarnos en las aportaciones. Nosotros no podemos hacer que las cosas crezcan. Punto. Todo lo que podemos hacer es sembrar y regar. Pero si sembramos y regamos, Dios nos promete el crecimiento.

Esto es a la vez una buena noticia y una mala noticia. No podemos quebrantar la ley de la siembra y la cosecha, como tampoco podemos quebrantar la ley de la gravedad. Ningún granjero siembra frijoles y espera una cosecha de maíz.

Si siembras bondad, cosecharás bondad.

Si siembras generosidad, cosecharás generosidad.

Si siembras amor, cosecharás amor.

Todos pasamos por tiempos de hambre espiritual, hambre en nuestras relaciones o hambre financiera. Nos parece que la cosecha nunca va a llegar. Y somos tentados a dejar de sembrar, pero el consejo que te doy es sencillo: siembra una semilla. Sigue orando, sigue obedeciendo, sigue dando, sigue amando, sigue sirviendo. Y si sigues sembrando las semillas que debes sembrar, en el tiempo de Dios, y a la manera de Dios, te llegará la cosecha de bendiciones.

 Si nosotros hacemos las cosas pequeñas como si fueran grandes,
Dios hará las cosas grandes como si fueran pequeñas.

Un día

Un día, como a las tres de la tarde,
tuvo una visión...
HECHOS 10.3

M e encanta esa frase de dos palabras con la que empieza Hechos 10.3: *un día*. Es una frase repleta de esperanza. ¿Por qué? Porque «un día» podría ser hoy mismo. ¡Hoy mismo podría ser el día en el que Dios responde la oración, realiza el milagro o cumple la promesa!

En *un día*, Dios puede liberar de una adicción a una persona que ha vivido cautiva de ella durante años. En *un día*, Dios puede traer de vuelta a un hijo pródigo que se ha marchado de la casa y ha estado lejos por décadas. En *un día*, Dios te puede dar más de lo que alguien ha acumulado en el espacio de toda una vida. Ahora bien, para experimentar *un día* un milagro, necesitamos orar todos los días. Son demasiadas las personas que oran como si estuvieran jugando a la lotería. La oración se parece más a una cuenta de inversión. Todo depósito acumula interés compuesto. Y *un día*, si seguimos haciendo depósitos cada día, nos pagará unos dividendos que estarán más allá de todo cuanto nos habríamos podido imaginar.

El milagro de los tres millones de dólares

Una de las razones por las que me encanta Hechos 10.3 es porque uno de los mayores milagros que he experimentado jamás, tuvo lugar «un día, como a las tres de la tarde». Un miércoles por la tarde recibí una llamada telefónica que cambió la trayectoria de mi vida en particular y la de la iglesia colectivamente. Nada me habría podido preparar para oír estas palabras: «Queremos darle tres millones de dólares». Me quedé sin habla. ¡Y eso que soy predicador! El que me llamaba rompió delicadamente aquel embarazoso silencio. Me dijo que no había condiciones y que querían mantenerse en el anonimato. Entonces me explicaron el motivo por el que me hacían esa donación: «Pastor Mark, amamos su visión y confiamos en su liderazgo. Hay algunas iglesias donde no nos sentiríamos cómodos invirtiendo el dinero, porque no sabrían qué hacer con él, pero usted tiene una visión que va más allá de sus recursos.

Esa frase hará eco en mi corteza cerebral auditiva para siempre: *visión más allá de sus recursos.*

Es una frase que se ha convertido en una especie de mantra en la congregación National Community Church y nos está inspirando a seguir soñando en forma irracional. Claro que practicamos un firme control de las finanzas, calculamos el costo de cada visión y administramos cada centavo de una manera que honre a Dios, pero nos negamos a permitir que sea nuestro presupuesto el que determine nuestra visión. Eso sería una mayordomía muy pobre, porque se basarían en nuestros limitados recursos, no en la provisión ilimitada de Dios. Con demasiada frecuencia, matamos los sueños que nos ha dado Dios, porque olvidamos el sencillo hecho de que él es el dueño de todo el ganado de los collados. No permitas que sea el temor el que te dicte tus decisiones. Permitir que el presupuesto sea el que determine tu visión es hacer las cosas al revés. La fe consiste en permitir que sea tu visión la que determine tu presupuesto. Y si tu visión te ha venido de Dios, decididamente se hallará *más allá de tus posibilidades* y *por encima de tus recursos.* ¿Por qué? ¡Porque entonces será Dios quien recibirá toda la gloria! Y te aseguro esto: *el Dios que da la visión es el mismo que hace provisión para llevarla a cabo.*

Uno más

Nuestra iglesia es asombrosamente generosa, pero nuestra edad promedio es de veintiocho años, lo cual significa que la mayoría de los que asisten a los cultos están muy lejos de alcanzar su potencial máximo de ingresos. Son fieles en los diezmos de sus ingresos como personal de Hill, o maestros de escuela en los barrios pobres, o meseros de cafetería, pero no tienen los ingresos ni las cuentas de ahorros necesarias para dar grandes cantidades. Están dedicados a pagar sus préstamos estudiantiles o a ahorrar para una boda. En el transcurso de trece años, la mayor ofrenda que habíamos recibido era un diezmo de cuarenta y dos mil dólares por la venta de una casa. Sinceramente, no tenía idea de que en nuestra congregación hubiera nadie con los medios para darnos una cantidad de ese tipo. ¡Desde entonces, he aprendido que el milagro ya está en casa!

El 15 de marzo de 2006 abrimos las puertas de nuestra cafetería en Capitol Hill. El costo total de la edificación de Ebenezer's Coffeehouse era casi de tres millones de dólares, y nuestra hipoteca era de dos millones. Un día, mientras oraba, sentí el impulso de orar por un milagro de dos millones. Lo primero que tuve que hacer fue descifrar si ese impulso era solo un deseo mío de estar libre de deudas, o si era el Espíritu Santo el que había puesto aquella promesa en mi corazón. Es difícil discernir entre hacerse ilusiones y recibir indicaciones en oración, pero estaba seguro al noventa por ciento de que era el Espíritu Santo quien me había puesto aquella promesa en el corazón. No tenía idea de la forma en que Dios lo iba a hacer, pero sabía que necesitaba trazar un círculo alrededor de esa promesa en oración. Les mencioné el milagro de los dos millones a cuatro personas de mi círculo de oración, por lo que comenzaron a orar en espera de la provisión de Dios.

En realidad, pasaron semanas en las que ni siquiera pensé en la promesa, pero seguimos trazando un círculo alrededor de aquella promesa de los dos millones de manera intermitente durante cuatro años. Hubo un momento en el cual me impacienté un poco, y traté de fabricar el milagro comenzando un negocio. Lamentablemente, lo que yo pensaba que era una idea de dos millones de dólares terminó siendo una pérdida personal de quince mil dólares. Me sentí tentado a renunciar cuando falló mi plan, pero seguimos trazando círculos alrededor de esa promesa en oración. Entonces un día, a eso de las tres de la tarde, me llegó la llamada telefónica. Lo asombroso es que ni siquiera estábamos haciendo campaña para recaudar fondos. No estábamos pidiendo dinero públicamente; solo lo estábamos pidiendo en oración de manera privada.

En el instante en que oí las palabras: «Le queremos dar tres millones de dólares», supe que se trataba del cumplimiento de la promesa que

Dios nos había hecho. Sin embargo, estaba un poco confundido a causa de la cantidad. Habíamos estado pidiendo dos millones de dólares, no tres. Fue entonces cuando me pareció que el Espíritu Santo me decía en son de broma: *Mark, solo quería que supieras que yo te puedo dar uno más.* ¡Y, por supuesto, se estaba refiriendo a un millón de dólares más!

El grado de dificultad

Cada vez que estoy orando por algo que está mucho más allá de mis posibilidades o recursos, tiendo a orar más tiempo, y en un tono más alto. Escojo las palabras teológicas más largas que conozco y oro en el lenguaje de la Biblia del rey Santiago. Pienso erróneamente que de alguna manera mi combinación de palabras es la que va a desencadenar el milagro, pero estoy aprendiendo que Dios escucha más nuestro corazón, que nuestras palabras. Y lo que ama más que ninguna otra cosa es una fe como de niño. Es nuestra fe semejante a la de los niños, y no nuestro vocabulario teológico, lo que conmueve el corazón de nuestro Padre celestial. Es una sencilla confianza infantil. Es la fuerte creencia de que Dios es más grande que nuestro problema, más grande que nuestro error, más grande que nuestro sueño.

Cuando oramos, tendemos a clasificar nuestras peticiones por orden de dificultad. Las vemos como grandes o pequeñas, fáciles o difíciles, sencillas o complejas. Pero permíteme recordarte una verdad franca, pero profunda: para el Infinito, todas las cosas finitas son iguales.

Cuando Jesús salió de la tumba, quedó borrada de nuestro vocabulario la palabra *imposible*. El tamaño de tus oraciones depende del tamaño que tenga tu Dios. Si tienes un dios pequeño, tus oraciones tendrán el tamaño de los seres humanos. Pero si tu Dios no conoce límites, entonces tampoco los conocerán tus oraciones. El Dios al que dirigimos nuestras oraciones existe fuera de las cuatro dimensiones de espacio y tiempo que él mismo creó y tal vez nosotros deberíamos orar de esa manera.

Me encanta la historia del hombre que quiso evaluar un día a Dios. «Dios mío, ¿qué es un millón de años para ti?». Dios dijo: «Un millón de años es como un segundo». Entonces el hombre le preguntó: «¿Cuánto es un millón de dólares para ti?». Dios le dijo: «Un millón de dólares es como un centavo». El hombre sonrió y le dijo: «¿Me podrías dar un centavo?». Dios le contestó la sonrisa y le dijo: «Claro. Espera un segundo».

Una donación de tres millones de dólares estaba muy por encima de lo que yo habría pedido o me habría imaginado, pero fue entonces cuando el milagro sucedió. Y hemos recibido donaciones mayores aun desde aquel milagro de los tres millones de dólares. Por favor, no te pierdas ni rechaces lo que estás a punto de leer: la forma en que administramos los milagros de Dios es creyendo que recibiremos muchos más grandes y mejores. Dios estira nuestra fe, para que podamos soñar con visiones más grandes.

Dibuja el Círculo

Dios puede lograr más en un día,
que tú en toda una vida.

Háblale a la montaña

«Podrán decirle a esta montaña: "Trasládate
de aquí para allá", y se trasladará».
MATEO 17.20

Llega un momento en el que necesitamos dejar de hablarle a Dios acerca de la montaña que hay en nuestra vida, para comenzar a hablarle a la montaña acerca de nuestro Dios. Proclama su poder. Declara su soberanía. Reafirma su fidelidad. Mantente firme en su Palabra. Aférrate a sus promesas.

Goliat logró mantener cautivo a todo un ejército por medio del miedo. Su arma era la intimidación. Y así es como opera nuestro enemigo. Ronda *como* león rugiente. Pero la palabra importante aquí es *como*. Él es un impostor. En cambio Jesús *es* el León de la tribu de Judá. Y cuando ruge, todo tiembla. Toda autoridad bajo el cielo y en la tierra es suya. Y nosotros somos hijos suyos. ¿Por qué no vivimos como lo que somos, amamos como lo que somos, damos como lo que somos, servimos como lo que somos y oramos como lo que somos?

Si Dios está de nuestra parte, ¿quién puede estar en contra nuestra?
El que está en ustedes es más poderoso que el que está en el mundo.
Todo lo puedo en Cristo que me fortalece.
Dios dispone todas las cosas para el bien de quienes lo aman, los que han
sido llamados de acuerdo con su propósito.

¿Qué hizo Jesús cuando Satanás lo tentó en el desierto? Se refirió a la Palabra de Dios. La usó como un diestro espadachín. ¡Y no solo se estaba defendiendo a sí mismo, sino que lo estaba golpeando citando capítulo y versículo!

Tal vez necesitemos dejar de jugar a la defensiva para comenzar a jugar a la ofensiva. Tal vez necesitemos no seguir permitiendo que nuestras circunstancias se entrometan entre nosotros y Dios, para permitir que Dios sea quien se meta entre nosotros y nuestras circunstancias. Tal vez necesitamos dejar de hablarle a Dios de nuestro problema para comenzar a hablarle a nuestro problema acerca de Dios.

Más que vencedores

Es hora de reclamar la victoria que ya fue ganada en el Calvario. Nosotros *no* somos vencedores, sino *más que vencedores* por medio de Cristo.

Jesús proclamó la victoria cuando dijo: «Edificaré mi iglesia, y las puertas del reino de la muerte no prevalecerán contra ella». Permíteme hacer dos observaciones. En primer lugar, observa las formas verbales. Jesús no dijo: «*Ustedes edificarán* mi iglesia», sino que dijo: «*Edificaré mi iglesia*». Las palabras clave son las dos primeras. La Iglesia le pertenece a Jesucristo. También es suya la batalla y también la victoria.

En segundo lugar, dice que las puertas del reino de la muerte no prevalecerán. Las puertas son medidas defensivas, lo cual significa, por definición, que es la Iglesia la que está a la ofensiva. ¡Ya es hora de atacar al enemigo de una vez por todas! El campo de batalla es nuestro lugar secreto de oración. Y nuestra oración en secreto es nuestra arma secreta.

Cuando caemos de rodillas, provocamos a pelea al enemigo. Somos transportados de inmediato al frente de batalla del reino, donde guerreamos contra principados y poderes. Así es como se gana o se pierde la batalla: ¡sobre las rodillas! Y cuando caemos de rodillas, Dios pelea por nosotros.

Oraciones por el faraón

Cuando compramos aquella casa destruida que convertimos en nuestra cafetería de Capitol Hill, nos hicieron falta dos milagros. El primero fue conseguir la propiedad; el segundo fue lograr que se hiciera un cambio de condición [lo que llaman rezonificación] de residencial a comercial.

Durante dieciocho meses, nos estuvimos reuniendo con todo el mundo, desde la Oficina de Conservación Histórica hasta la Oficina de Planificación y la Sociedad de Restauración de Capitol Hill. Teníamos un abrumador respaldo por parte de la comunidad. Al fin y al cabo, estábamos invirtiendo tres millones de dólares para convertir en cafetería una casa que habían usado los vendedores de drogas. Sin embargo, durante el proceso, algunos vecinos influyentes decidieron oponerse a nuestros esfuerzos por la rezonificación, debido a que estaban mal informados sobre lo que teníamos planeado hacer. Así que seguí un enlace hasta llegar a un portal de la web donde ellos estaban calumniando nuestra motivación. Para ser sincero, me enojé tanto, que estaba listo para considerarme derrotado. Su oposición tenía el potencial de destruir nuestro sueño de edificar una cafetería y, cada vez que lo pensaba, me enojaba más. Entonces fue cuando descubrí el poder que tiene hacer círculos de oración alrededor de los faraones que haya en nuestra vida. Y que conste, que siempre habrá faraones que se interpongan en el camino de lo que Dios quiere hacer en nuestra vida.

Todos tenemos gente imposible en nuestra vida. Todo lo que podemos hacer es trazar un círculo de oración alrededor de ellos. Es la única manera de mantener el control de nuestras actitudes. Y la oración tiene poder para cambiar el corazón del faraón. Así que cada vez que me sentía enojado, convertía aquel sentimiento en una oración. Creo que es lo más cerca que he estado de orar sin cesar, porque estaba enojado todo el tiempo.

Oré por aquellos vecinos los varios meses que pasaron antes de nuestra audiencia ante la comisión de zonificación. Nunca olvidaré lo que sentí cuando entramos al cuarto donde tendría lugar la audiencia y nos sentamos junto a nuestras mesas, a ambos lados del pasillo. Yo no tenía absolutamente ninguna animosidad hacia la gente que se nos estaba oponiendo. Sentía una compasión inexplicable por ellos, y no me preocupaba lo que dijeran o hicieran, porque los había rodeado con un círculo de oración. También había rodeado con un círculo a los comisionados encargados de la zonificación. No solo ganamos la aprobación unánime de la comisión de zonificación, lo cual es un testimonio del favor de Dios, sino que uno de los que se nos oponían ¡ahora es cliente asiduo de nuestra cafetería!

Aquellos dos años de prueba fueron emocional y espiritualmente agotadores, pero así es como aumenta la persistencia espiritual. Cuando terminó todo, le di gracias a Dios por la oposición con la que chocamos, porque sirvió para que nos sintiéramos más decididos aún, lo que unificó a nuestra iglesia. Aprendí que no tenemos por qué tenerles miedo a los ataques del enemigo. Esos ataques son contraproducente para ellos cuando los contrarrestamos con oración. Mientras más oposición experimentemos, más fuerte debemos orar. Y mientras más fuerte tengamos que orar, más milagros hará Dios.

No te limites a hablarle a Dios de tus problemas; háblales a tus problemas acerca de Dios.

Pelea por mí

¡Hazme justicia, Señor, defiéndeme!
SALMOS 35.23

A Dios le encanta que nosotros peleemos por él. ¡Pero le encanta mucho más aun que permitamos que él pelee por nosotros! ¿Cómo podemos hacer eso? Cuando caemos de rodillas, él extiende su poderosa diestra a favor nuestro. Cuando oramos, él pelea nuestras batallas por nosotros. Así que sigue peleando la buena batalla, pero permítele a Dios que pelee por ti.

La oración es la manera en que soltamos las cosas para dejar que Dios sea Dios. La oración es la manera en que sacamos nuestras manos para dejar que Dios ponga las suyas. La oración es la diferencia entre pelear tú por Dios y que Dios pelee por ti.

> Defiéndeme, Señor, de los que me atacan;
> combate a los que me combaten...
> ¡Despierta, Dios mío, levántate!
> ¡Hazme justicia, Señor, defiéndeme!

Me encanta la palabra hebrea traducida como «combatir» en estos versículos. Es bidimensional. Se refiere tanto al combate físico como al verbal. De manera que recorre toda la gama, desde las luchas corporales más feroces, hasta los tribunales.

En cuanto al combate físico, Dios es algo así como la inmensa madre osa que protege a sus oseznos. Eso forma parte de su naturaleza instintiva, porque nosotros somos la niña de sus ojos. Si alguien se mete con nosotros, se estará metiendo con nuestro Padre celestial.

En cuanto al debate verbal, Dios es como el abogado defensor de nuestra causa. Cuando estamos entre la espada y la pared, Dios es nuestra pared. Cuando todo está en juego, Dios entra en acción. Satanás será el acusador de los hermanos, pero no es un opositor que esté a la altura del Paráclito.

La descripción que se hace de esto en el Nuevo Testamento es un poco más definida. En realidad, tenemos dos intercesores. El Espíritu Santo está intercediendo por nosotros con gemidos indecibles. Mucho antes que nos levantáramos esta mañana, y mucho después que nos durmamos esta noche, el Espíritu Santo estaba y está rodeándonos con un círculo de oración. Y si eso no nos infunde una santa seguridad, no sé qué otra cosa podrá hacerlo. Pero no es el Espíritu Santo el único que está intercediendo por nosotros; también el Hijo de Dios lo está haciendo. Ambos están intercediendo para que se haga la voluntad de Dios en nuestra vida. Estamos rodeados por un doble círculo. Ellos están trazando un círculo continuamente alrededor de nosotros, con cánticos de liberación.

Hace algunos años tomé la decisión de que no me iba a defender contra ninguna de las críticas que se me atravesaran en el camino. La vida es demasiado corta y la misión demasiado importante. Y yo he sido llamado a jugar a la ofensiva; no a la defensiva. Dios es mi defensor. Y yo creo que él está contendiendo por mí, si mi causa es justa y mi corazón está en orden.

Es importante que tengamos en nuestra vida personas que puedan decir palabras de represión y de exhortación. Pero lo normal es que tengamos una relación con esas personas. Cuando estoy tratando de discernir si respondo ante una crítica, trato de discernir el espíritu de la persona que la hace. ¿Tiene un propósito redentor o vengativo? Y hago pasar la crítica por el filtro de las Escrituras. Si pasa por ese filtro, entonces necesito arrepentirme. Si no pasa, entonces no permito que me atraviese el corazón. Y dejo que sea Dios quien defienda y contienda por mí.

Hay algunos campos de batalla en los cuales estoy dispuesto a morir, pero hay otros en los que no. En el combate de las críticas, no estoy dispuesto a enzarzarme. Es una energía malgastada y no tiene un propósito redentor. Lo que hago es no hacer caso a la ofensa recibida, para poder seguir jugando a la defensiva.

La primera oración oficial

El 7 de septiembre de 1774, el Congreso Continental sostuvo su primera reunión oficial en Carpenter's Hall, en Filadelfia. Su primer acto oficial fue orar. Y no se trató de una de esas oraciones superficiales que no son más que protocolo; fue una reunión de oración de las buenas que se celebraban en el pasado. Nuestros padres fundadores oraron con fervor e intensidad. Hubo testigos que los oyeron interceder desde varias calles de distancia. Los testigos presenciales afirmaban que Henry, Randolph, Ruthledge, Lee y Jay estaban totalmente inclinados en reverencia ante Dios. Más tarde, John Adams recordaría que esa oración «ha tenido un excelente efecto en todos los que estuvimos aquí». Y como no es de sorprenderse, el General George Washington terminó de rodillas. Aquellos revolucionarios sabían que su causa estaría condenada al fracaso sin una intervención divina. Oraban como si todo dependiera de Dios, porque sabían que así era en realidad.

El pastor que los guió en oración aquella mañana fue el doctor Jacob Duche. ¿El texto de las Escrituras que buscó? El Salmo 35. Oró para pedir que, así como el Señor peleó por David, ahora peleara por su causa, si era una justa. La oración del doctor Duche es más que un simple documento histórico; es una pieza de nuestro destino.

Señor nuestro, Padre celestial nuestro, alto y poderoso Rey de reyes y Señor de señores, que desde tu trono contemplas a todos los habitantes de la tierra, y que reinas con poder supremo e ilimitado sobre todos los reinos, imperios y gobiernos: te pedimos que mires con misericordia a nuestros estados americanos que han huido a ti desde la vara del opresor y se han puesto bajo tu misericordiosa protección, con el deseo de depender desde ahora en adelante, solamente de ti...

Te pedimos que estés presente, oh Dios de sabiduría, y dirijas los consejos de esta honorable asamblea... Derrama sobre ellos y sobre los millones de personas que representan, aquellas bendiciones temporales que te parezcan apropiadas para ellos en este mundo, y corónalos con la gloria perdurable en el mundo venidero. Todo esto te lo pedimos en el nombre y por los méritos de Jesucristo, tu Hijo y nuestro Salvador. Amén.

Nuestras oraciones no tienen fecha de expiración. Por eso creo que aun hoy, doscientos treinta y ocho años más tarde, Dios sigue respondiendo esa oración. Forma parte de nuestra genealogía de oración como estadounidenses. Fue una oración originaria. Fue la primera oración pronunciada al principio de la revolución. Fue una oración por todos los estadounidenses desde entonces hasta ahora. Y Dios la sigue respondiendo. No hay otra explicación para la existencia de algo tan improbable como Estados Unidos. Dios contendió a favor de nuestra causa.

Esa es nuestra historia. Ese nuestro destino.

Por supuesto, no estoy sugiriendo que Estados Unidos siempre tenga razón y nunca se equivoque. Como la historia de todas las naciones, la nuestra está salpicada de graves pecados. Sin embargo, la única explicación que tienen las bendiciones de las que hemos disfrutado, es el favor de Dios.

Si tú estás de parte de Dios, entonces Dios está de parte tuya.

Dios peleará por ti, así como tú peleas por él.

Y puedes vivir con una santa seguridad, sabiendo que cuando es Dios quien contiende a favor de tu causa, esa causa está destinada a triunfar. Eso no significa que no haya reveses y sacrificios a lo largo del camino; solo significa que la guerra ya ha sido ganada.

Dibuja el Círculo   *La oración es la diferencia entre el que tú pelees por Dios, y el que Dios pelee por ti.*

Señor, sorpréndeme

«El viento sopla por donde quiere».
JUAN 3.8

Hace algunos años, una reunión de nuestro personal que era más bien rutinaria, se convirtió en una de oración. Todos los que estaban allí terminaron de rodillas. Yo terminé rostro en tierra. E hice una oración que se ha repetido centenares de veces desde entonces. De hecho, se ha convertido en una especie de mantra: *Señor, sorpréndenos.*

En cierto sentido, esa oración parece un poco peligrosa, porque tenemos que poner nuestros planes sobre el altar. Tenemos que renunciar al control. Tenemos que confiar en el calendario de Dios. Pero esa oración fue motivada por un genuino anhelo de ver a Dios realizar algo sin precedentes; algo que superara nuestros planes, algo de lo cual no podíamos atribuirnos el mérito, ni tener control. Dios ha respondido miles de veces esta oración, y de ¡miles de maneras!

Una de las sorpresas más dramáticas sucedió unas pocas semanas después de hacer esa oración por vez primera. Nuestra familia estaba pasando unas vacaciones en una cabaña de un amigo en el lago Anna, a unos ciento cuarenta kilómetros al sur de Washington, D. C. El primer día que estábamos allí, oímos que tocaban a la puerta. Era un vecino llamado Harry, que nos preguntó si podía ver la cabaña. Parecía inofensivo, así que lo invité a pasar. Al cabo de cinco minutos, Harry nos había ofrecido que usáramos durante toda la semana el bote que tenía atado al puente flotante. Cuando fui a su cabaña para buscar las llaves, noté que tenía en su mesa del desayuno un libro escrito por un antiguo senador que asistía a nuestra iglesia. Cuando vi el libro, tuve la corazonada de que tal vez conociera a Dick Foth, buen amigo del senador y mentor mío.

Así mismo fue; Harry conocía a Dick. Así que le dije que le enviaría un ejemplar de un libro que le había dedicado a Dick, y que se llamaba *Tras el rastro del ave salvaje*. A la semana siguiente de terminar nuestras vacaciones le envié un ejemplar a Harry y le gustó tanto que se lo recomendó a un amigo suyo llamado Tom.

Casi un año después de conocer a Harry, recibí una llamada de Tom, que era diácono de la Iglesia Bautista de Glen Echo. Se presentó y me explicó que su congregación había sido en el pasado un floreciente testimonio dentro de su comunidad, pero que había ido disminuyendo en tamaño hasta quedar reducida a una docena de miembros. Entonces me dijo que pensaban decidir darle sus dos propiedades, con un valor aproximado de dos millones de dólares, a NCC. No me habría sentido más sorprendido si él me hubiera dicho que me había ganado la lotería sin siquiera comprar billete. Y así era como me sentía.

Lo que me causó un profundo impacto fue el hecho de que su iglesia tuvo la valentía suficiente para reconocer que estaba muriendo y la generosidad necesaria para darle su edificio a otra congregación. No hay palabras para expresar nuestro sentimiento de sorpresa y de humildad. Entonces recordé nuestra oración: *Señor, sorpréndenos.*

¿Me permites hacer una observación? Y lo digo con todo el respeto debido. Las iglesias bautistas no les dan sus edificios a otras iglesias que no sean bautistas. Que yo sepa, aquello era algo sin precedentes. Pero Dios siempre tiene una santa sorpresa en la manga. ¡Y cuando nosotros oramos, él nos prepara una fiesta sorpresa!

Todo milagro, toda bendición, toda cita divina, tiene una genealogía. Si nos remontamos al pasado, encontraremos una oración originaria que puso en movimiento ese acto soberano de Dios. ¿Estoy diciendo que no lo puede hacer sin nosotros? No; no estoy diciendo que *no pueda*; sencillamente estoy diciendo que *no quiere*.

En su omnisciencia y su omnipotencia, Dios ha decidido que hay algunas cosas que solo va a hacer como respuesta a la oración. La Biblia lo dice con toda franqueza: «No tienen, porque no piden». *Si nosotros no pedimos, Dios no nos puede responder.* Tan sencillo como eso. La mayor tragedia de la vida son las oraciones que no reciben respuesta porque nunca se llegaron a hacer. No pretendo comprender dónde se encuentran la soberanía de Dios y el libre albedrío de los humanos, pero eso me motiva a trabajar como si todo dependiera de mí y a orar sabiendo que todo depende de Dios. Y si hacemos esas dos cosas, Dios nos va a estar sorprendiendo todo el tiempo.

Dios nos conoce bien a todos

Nuestra familia tiene un puñado de dichos que ha ido pasando de una generación a la siguiente. Forman parte de nuestro folclore familiar. No estoy seguro de dónde se originó este, pero recuerdo habérselo oído a mi abuela más de una vez: *nunca se puede decir siempre y algunas veces*. Es un poco enredado, y hace pensar; así que aquí va la traducción: *¡todo puede suceder!*

Ahora permíteme redimir este dicho, dándole un giro relacionado con la oración. Cuando hacemos un círculo de oración alrededor de una promesa, nunca podemos decir siempre y algunas veces. Todo puede suceder. Nunca sabemos cuándo, cómo o dónde nos va a responder Dios. La oración siempre le añade a la vida un elemento de sorpresa que es más divertido que una fiesta inesperada, un regalo sorpresa o un romance sorpresa. De hecho, la oración convierte la vida en una fiesta, un regalo y un romance.

Dios me ha sorprendido tantas veces que sus sorpresas ya no me sorprenden. Eso no significa que me encante menos. Aún me siento asombrado ante las maneras extrañas y misteriosas en las que él obra, pero he llegado al punto que espero lo inesperado, porque Dios es impredecible. Lo único que puedo predecir con una certeza absoluta es esto: *mientras más oremos, más experimentaremos sorpresas santas*.

Me encanta la mención del viento en Juan 3. No se me podría ocurrir una descripción mejor de la forma en que obra el Espíritu Santo. Él es incontrolable, impredecible... y eso puede causar angustia o emoción. Eso lo decidimos nosotros. En cuanto al viento, Jesús declara: «Ignoras de dónde viene y a dónde va». Así son las cosas con el Espíritu Santo, dice Jesús. En otras palabras, *nunca se sabe siempre si algunas veces se puede saber*. Pero una cosa sí es cierta: si seguimos a Jesús, nuestra vida no tendrá nada de aburrida.

Cuando pienso en el grado de probabilidades en cuanto a lo que sucedió, es alucinante. No tengo idea de lo que llevó a Harry a tocarnos a la puerta aquel día. Si él no se hubiera aparecido, yo no habría ido a su cabaña, no habría visto un libro en su mesa, no habría mencionado a Dick Forth ni le habría enviado un ejemplar de *Tras el rastro del ave salvaje*. Y, por supuesto, ¡no habría sabido distinguir entre Tom y Adán! Pero Dios nos conoce muy bien a todos. Y él es quien nos puede concertar citas divinas con quien sea, en cualquier momento y cualquier lugar.

¡Señor, sorpréndenos!

Dibuja
el
Círculo

Dios siempre tiene una sorpresa santa
guardada en su manga soberana.

No te atrases

«¡SEÑOR, atiéndenos y actúa! Dios mío, haz
honor a tu nombre y no tardes más».
DANIEL 9.19

Durante nuestro reto de cuarenta días de oración en la congregación National Community Church, nuestros círculos de oración estaban intercediendo por sanidades, trabajos, matrimonios, liberación y salvación. Y veíamos suceder cada uno de esos milagros, pero había baches en el camino. Orar con intensidad no es precisamente el camino de menor resistencia; suele ser el sendero de mayor firmeza, porque estamos entrando en batalla espiritual. De hecho, cuando comenzamos a interceder por otras personas, necesitamos asegurarnos de que haya otros intercediendo por nosotros. Necesitamos un círculo de oración que nos dé cobertura.

Muy pocas veces Dios responde a nuestras oraciones con tanta rapidez o facilidad como nosotros querríamos. Por definición, orar con intensidad es hacerlo con gran fuerza. Pero son las oraciones que hacemos cuando nos sentimos con ganas de dejar de orar las que pueden traer los logros mayores.

Charmaigne, una señora de nuestra iglesia, decidió hacer un círculo alrededor de su esposo Kelly, que estaba aspirando a un trabajo con la oficina del Fiscal General de Estados Unidos. En el segundo día del reto de oración, Kelly fue a una segunda entrevista, pero no consiguió el trabajo. La desilusión fue bastante amarga, y entonces es cuando la mayoría de nosotros dejamos de orar. Sin embargo, Charmaigne, la esposa de Kelly, siguió trazando círculos.

El primero de los cuarenta días del reto de oración, yo estaba orando
acerca de la solicitud que había presentado Kelly en la oficina del Fiscal

General de Estados Unidos, en Alexandria. Oraba diciendo: «Señor, no te tardes», pero no por medio de la oración de Daniel. Aunque era frustrante el que Kelly no consiguiera el trabajo, seguí orando. Oré para que Dios nos sostuviera durante el reto de oración entero.

En los tres últimos días del reto de oración, me sentí alentada a leer el libro de Daniel. El hacedor de círculos enseña a orar por medio de la Biblia, así que decidí hacerlo. Hice la oración de Daniel 9.19: «¡Señor, escúchanos! ¡Señor, perdónanos! ¡Señor, atiéndenos y actúa! Dios mío, haz honor a tu nombre y no tardes más; ¡tu nombre se invoca sobre tu ciudad y sobre tu pueblo!».

En el último día del reto de oración, Dios me indicó que ayunara todo el día, por lo que volví a orar por el trabajo de Kelly. Oré usando la oración de Daniel, con la fe de que Dios no atrasaría sus respuestas. Y así fue: Dios no se atrasó. Al día siguiente, el día después de terminado el reto de oración, recibí un mensaje hablado de mi esposo en el que me decía que le habían ofrecido un trabajo en la Corte Suprema del D. C., para actuar de secretario de un juez a partir de septiembre. Enseguida caí de rodillas junto a la mesa de la cena y le di gracias a Dios por el milagro que nos había dado. Era el mejor de todos sus regalos, después de mi oración constante y mi ayuno. ¿Y adivina lo que sucedió después? Le ofrecieron otro trabajo esa misma semana, que comenzaba de inmediato y terminaba en el mismo momento en que comenzaba su nuevo trabajo. Dios nos dio más de lo que nosotros le habíamos pedido. ¡No un trabajo, sino dos!

Nuestras oraciones más poderosas tienen un hipervínculo con las promesas de Dios. Cuando sabemos que estamos orando de acuerdo a sus promesas, podemos orar con una sacra seguridad. No tenemos razón alguna para criticar las decisiones que hayamos tomado, porque sabemos que la Palabra de Dios no regresa a él vacía. Eso no significa que podamos reclamar las promesas de Dios fuera de su contexto. No obstante, lo típico es que nuestro problema no sea precisamente reclamar demasiado las promesas de Dios, sino reclamarlas muy pocas veces.

Todas las bendiciones espirituales son nuestras en Cristo.

Por muchas que sean las promesas que Dios ha hecho, son «Sí» en Cristo.

Dios no les negará ninguna cosa buena a aquellos cuyo camino es intachable.

Si nosotros *nos apoyamos* en la Palabra de Dios, él va a *cumplir* lo que nos ha prometido. Hace algún tiempo me llegó un mensaje electrónico de una pareja que puso en práctica este principio de una manera más bien ingeniosa. Fueron a Home Depot y compraron piedras de las que se usan para pavimentar los patios. Escribieron diez promesas bíblicas en las piedras con pintura blanca y las pusieron en el patio. Entonces se paraban encima de aquellas promesas todos los días mientras oraban. «Un día, cuando tengamos hijos», escribieron, «tenemos la esperanza de darles estas piedras para que recuerden lo que significa orar y apoyarse en las promesas de Dios».

CQSETQST

Hasta hace poco, yo siempre les añadía a todas las oraciones la coletilla TPCFP. Quería que Dios me respondiera *tan pronto como fuera posible* (TPCFP). Sin embargo, esto ya no forma parte de mi agenda. No quiero respuestas fáciles ni rápidas, porque tiendo a manejar mal las bendiciones que llegan con demasiada facilidad o demasiada rapidez. Me atribuyo el mérito a mí mismo o les resto importancia. Así que ahora oro pidiendo que se tomen el tiempo que haga falta, y sean lo suficientemente difíciles como para que sea Dios quien reciba toda la gloria.

No estoy buscando el camino donde haya menos resistencia; estoy buscando el camino donde la gloria sea mayor. Y eso exige unas oraciones con un alto grado de dificultad y con una gran cantidad de círculos.

Es muy raro que nuestra primera petición en oración dé en el blanco de la voluntad buena, agradable y perfecta de Dios. La mayoría de las peticiones de oración hay que refinarlas. Ni siquiera «la oración que salvó a toda una generación» dio en el blanco la primera vez. Honi tuvo que refinar su petición en dos ocasiones: «No es esa la lluvia por la que he orado». No estaba satisfecho ni con una simple llovizna, ni con una lluvia torrencial. Le hicieron falta tres intentos para decir con exactitud lo que quería: «Lluvia de tu favor, tu bendición y tu bondad». Honi trazó un círculo en la arena, y después trazó otro dentro del círculo.

Por eso, yo no estoy haciendo ya oraciones TPCFP, sino oraciones CQSETQST: *cualquiera que sea el tiempo que se tome*. Entro en mi círculo de oración y no salgo hasta que Dios no me responda. Eso no significa que le esté torciendo el brazo a Dios. Al fin y al cabo, nosotros no podemos forzarlo. Solo significa que estoy orando con seguridad. Yo creo que Dios nunca promete demasiado, ni cumple poco. Él siempre cumple lo que promete, pero lo hace de acuerdo a su propio calendario.

Dios nunca llega temprano; tampoco llega tarde. Dios siempre es puntual.

Sigue trazando círculos

«El séptimo día ustedes marcharán siete
veces alrededor de la ciudad».
JOSUÉ 6.4

Tengo un amigo llamado Tony, que se mudó a Washington, D. C., en 1994 con el propósito de luchar a favor de una noble causa en Capitol Hill. Tony estaba profundamente preocupado por el hecho de que se estaba introduciendo a unos niños inocentes en la pornografía, sencillamente porque los canales para adultos estaban a un clic de distancia de los canales con caricaturas, así que creó un proyecto de ley que obligaría a la industria del cable a encriptar por completo los canales de pornografía. Mientras se preparaba para visitar las cuatrocientas treinta y cinco oficinas de la Casa de Representantes y las cien del Senado, decidió trazar alrededor del Capitolio un círculo de oración que repitió siete veces. ¡Hasta lanzó un grito como los de Jericó después del séptimo círculo!

Tony sabía que no podía ganar esa batalla sin oración. También sabía que la oración es la diferencia entre el que *nosotros peleemos por Dios* y que *Dios pelee por nosotros.*

Después de orar en los siete círculos, Tony comenzó a tocar puertas y a pedir que lo escucharan todos y cada uno de los miembros del Congreso. En algunas de las oficinas se aplaudieron sus esfuerzos, pero una y otra vez le decían que sus esfuerzos eran demasiado limitados y llegaban demasiado tarde. La ley de telecomunicaciones que él estaba tratando de enmendar ya había sido enviada a la imprenta. Le dijeron que era imposible que el presidente del comité del Congreso abriera de nuevo el estudio de aquella ley para incluir su enmienda, porque entonces lo tendría que abrir a las propuestas de enmienda de todos los demás. Cuando salió de su visita número doscientos veinte a una oficina del Congreso, Tony se sentía deprimido y derrotado. Estaba listo para tirar la toalla y renunciar a su lucha, cuanto tuvo uno de esos momentos como el de la zarza ardiente.

Estaba en el segundo piso del edificio Longworth. Me acerqué al marco de una ventana, me senté en su fría repisa de mármol y dejé caer la cabeza; me sentía derrotado. Me dije a mí mismo: «Deja de desperdiciar tu tiempo y vete de vuelta a San Diego». Nunca antes Dios me había hablado con tanta claridad y nunca lo ha vuelto a hacer. Mientras estaba allí sentado, mirando las losas de mármol del suelo, alicaído por completo, oí esas palabras tan claro como su hubiera sonado una campana: «¿Quién está haciendo esto, tú o yo?». No puedo explicar cómo me sentí cuando oí aquellas palabras, pero me enderecé y respondí: «¡Tú, Señor!». Al instante, estaba lleno de un entusiasmo mayor que cuando había comenzado aquella tarea. En todas y cada una de las doscientas quince oficinas restantes, hice mis presentaciones con una fe renovada.

Tony hizo su última presentación en el edificio Canon del Congreso. Su enmienda seguía pareciendo una causa perdida, pero las cosas no se acaban mientras Dios no diga que se han acabado. Si es Dios quien ha dispuesto tu causa, entonces la batalla es asunto suyo. Es él quien va a ganar la victoria; no tú.

No estoy exagerando cuando te cuento esto. En el mismo momento en que cruzaba el umbral para salir de mi oficina número cuatrocientos treinta y cinco, sonó mi localizador. El moderador Dingle acababa de aceptar que permitiría que se añadiera mi enmienda a su ley sobre telecomunicaciones.

Algunas veces, Dios se limita a presentarse; ¡otras, da todo un espectáculo!
Dios es impecablemente oportuno, ¿no es así? Nunca llega tarde. Tampoco llega temprano. ¡Siempre llega puntual! ¿Es una coincidencia el que el localizador de Tony sonara mientras él salía de la última de las oficinas? No lo creo. Yo no creo en las coincidencias; creo en la providencia. Creo que en el cielo hay un Dios que dirige nuestros pasos, que

prepara por adelantado las buenas obras, que hace que todas las cosas obren unidas para bien, que pelea por nosotros nuestras batallas. Y si tú oras sin desmayar, vas a poder avanzar.

No te desalientes. No pierdas la esperanza. No pierdas la fe. No pierdas la paciencia.

Tal vez hayas estado intercediendo por uno de tus hijos, que se ha apartado de la fe. O tal vez has tenido la fe de esperar una reconciliación en tu matrimonio. Puede que hayas estado esperando un milagro de sanidad, un milagro económico o una oportunidad milagrosa.

Sigue pidiendo. Sigue buscando. Sigue tocando a la puerta. Son raras las veces que Dios hace las cosas como esperamos, o donde esperamos que las haga, y eso nos lleva a poner en tela de juicio sus extraños y misteriosos caminos. Estoy seguro de que los israelitas dudaron del plan de batalla señalado por Dios para conquistar Jericó. Habrían preferido asaltar las puertas de la ciudad, o escalar los muros, ¡pero Dios les dijo que caminaran alrededor de la ciudad durante siete días! Aquello no tenía sentido alguno. Les debe haber parecido que nunca se iba a acabar. ¡Pero siguieron caminando alrededor de la ciudad!

A veces, Dios nos va a empujar hasta nuestros límites absolutos: los límites de nuestra fe, de nuestra paciencia, de nuestros dones. Así es como él ensancha nuestra fe y edifica nuestro carácter. ¿Recuerdas cuando le dijo a Abraham que sacrificara a su hijo Isaac? ¿Y cuando intervino, proporcionándoles un carnero que tenía los cuernos enredados en un zarzal? La intervención de Dios no se produjo sino hasta después que Abraham había puesto a Isaac en el altar, lo había atado y había levantado el cuchillo. Dios empujó a Abraham hasta el precipicio de la lógica. Lo probó para ver si confiaba en él. ¡Abraham superó aquella prueba y obtuvo un testimonio!

Hay una rama de la historia llamada «teoría contrafactual», que se dedica a hacer preguntas estilo: «¿Y si...?». Te imaginas la manera diferente en que se habría desarrollado la historia, si no hubieran sucedido ciertas cosas. Permíteme hacer el papel de teórico contrafactual con la historia bíblica.

¿Y si los israelitas hubieran dejado de caminar alrededor de Jericó en el sexto día? De hecho, ¿y si Elías hubiera dejado de orar para pedir la lluvia después de haberla pedido por sexta vez? ¿O si Naamán solo se hubiera sumergido seis veces en el río Jordán? Y ya que estamos en este tema, ¿y si Tony hubiera desistido de su campaña de puerta en puerta después de la oficina número doscientos veinte?

La respuesta es obvia: *habría renunciado al milagro antes que sucediera.*

Yo no sé alrededor de qué has estado trazando un círculo en los últimos cuarenta días, o cuarenta semanas o cuarenta años. No sé si has logrado un *sí*, un *no*, o un *todavía no*. Tienes que alabar a Dios si la respuesta es un *sí*, y confiar en él si la respuesta es un *no*. Si la respuesta es un *todavía no*, tienes que seguir trazando el círculo. ¡Siempre es demasiado pronto para darte por vencido! ¿Qué otra opción tienes? Orar o no orar. Esas son tus únicas opciones.

Ninguno de mis sueños se ha convertido en realidad rápida ni fácilmente. Los primeros tiempos de nuestra aventura de fundar una iglesia no tuvieron nada de encantadores ni de gloriosos. Hubo ciertos momentos en que me sentí con ganas de abandonarlo todo; cuando me sentí tentado a pensar que nuestros esfuerzos no servirían de nada. Al fin y al cabo, nuestro promedio de asistencia a los cultos era de veinticinco personas, y esas veinticinco personas habrían podido hallar una iglesia mucho mejor donde asistir. Pero yo estaba pensando en tiempo presente. Cuando uno deja de trazar el círculo, no solo pone en peligro el presente. Renuncia a todas las promesas, todos los milagros y todas las bendiciones que lo esperan en el futuro. Si yo hubiera desistido de todo, habría abandonado no solo a las veinticinco personas que estaba pastoreando en esos momentos; ¡habría abandonado también a los miles de personas sobre las cuales estamos influyendo ahora, y las decenas de miles sobre las cuales influiremos en el futuro!

Si los israelitas hubieran dejado de caminar alrededor de Jericó, habrían renunciado a su primera victoria en la Tierra Prometida. Pero había mucho más que eso en juego. Habrían renunciado a la Tierra Prometida misma. Pero no se detuvieron. Siguieron rodeando la ciudad. Y si seguimos rodeándolos, los muros *se van* a derrumbar. Si oras sin desmayar, el avance es inevitable.

Adelante. ¡Sigue trazando el círculo!

Dibuja el Círculo

Si no sales de la barca,
nunca vas a caminar sobre el agua.

Ofrendas memorables

«Dios ha recibido tus oraciones y tus obras
de beneficencia como una ofrenda».
HECHOS 10.4

M i abuelo tenía una especie de ritual de oración que comprendía arrodillarse junto a su cama por las noches, quitarse el aparato para oír y orar por su familia. Sin el aparato para oír, no se podía oír a sí mismo, pero todos los demás que estaban en la casa sí. Hay pocas cosas que dejen una impresión más perdurable que oír que alguien intercede por uno, diciendo su nombre. Esas oraciones se encuentran entre mis primeros recuerdos en la vida.

Abuelo Johnson murió cuando yo tenía seis años, pero sus oraciones no murieron. ¡Nuestras oraciones nunca mueren! Cuando oramos, nuestras oraciones salen de nuestras cuatro dimensiones espacio temporales. No tienen límites de espacio ni de tiempo, porque Dios, que es quien las responde, existe fuera de esas cuatro dimensiones creadas por él. Nunca sabemos cuándo su respuesta eterna volverá a entrar en la atmósfera de nuestra vida, lo que nos debería llenar de una santa expectación. Nunca subestimes su capacidad para responderte en cualquier momento, lugar y forma. Él tiene unas respuestas infinitas para tus oraciones finitas. Y las puede responder más de una vez. Además, cuando las responde, es para siempre.

Hechos 10.4 señala que nuestras oraciones son memorables. No te puedo asegurar que Dios vaya a responder tus oraciones *como tú quieras*, ni *cuando tú quieras*, pero te puedo asegurar que las va a responder. ¡Él siempre responde! En los puntos críticos de mi vida, el Espíritu de Dios ha susurrado a mi espíritu: *Mark, en este mismo momento se están respondiendo en tu vida las oraciones de tu abuelo.* Esos momentos sagrados son los momentos de mayor humildad y emoción de mi vida.

Como un padre o una madre que colecciona las obras de arte de sus hijos en la escuela primaria y las exhibe en un lugar preminente de la puerta de su refrigerador, al Padre celestial le encantan nuestras oraciones. Cada una de ellas es un recuerdo especial. Todas actúan como recuerdos que zarandean la mente del Todopoderoso.

Si nuestras oraciones son tan valiosas para Dios, ¿acaso no deberían ser más significativas para nosotros mismos? ¿Vale la pena coleccionarlas, como fotografías en un álbum familiar? ¿No las deberíamos tratar con respeto y dignidad, como los monumentos que adornan a la capital de la nación?

Cada oración que pronunciamos es como las piedras de mármol que se usaron para edificar el Monumento a Washington o el Monumento a Lincoln. Cuando nosotros oramos, estamos construyendo un monumento para Dios; un recuerdo dedicado a él. Y esas oraciones no perecen. No son madera, heno ni paja. Son unos cimientos de oro, plata y piedras preciosas.

Dios no las va a olvidar. Tampoco va a dejar de responderlas.

Unas oraciones eternas

Hace poco me reuní con Wayne, un pastor amigo que es un hacedor de círculos. Pocas personas he conocido que oren con mayor intensidad, de una manera más concreta y con más constancia. Mientras almorzábamos, Wayne me relató algo acerca de su abuela, y se me hizo evidente que aquella manzana no había caído lejos de su árbol. La intercesión forma parte del ADN de su familia.

La abuela de Wayne crió doce hijos mientras administraba su hogar. Después de cada comida que preparaba, se iba a su cuarto a orar. Tres veces al día, sus hijos la podían oír mientras intercedía por ellos, mencionando sus nombres. Cuando ya estaba en su lecho de muerte, a los noventa y un años, toda la familia se reunió en el hogar familiar. Ella los invitó a entrar al cuarto donde oraba tres veces al día. Entonces, les declaró proféticamente a sus doce hijos: «Yo voy a morir, pero el poder de mis oraciones se demostrará en todas y cada una de sus vidas».

Su oración predominante era para pedir que todos los miembros de su familia sometieran su vida al señorío de Jesucristo. En aquellos momentos, seis de sus hijos seguían a Cristo y seis no. Eso sucedió hace quince años. La cuenta actual es de diez que *sí* lo siguen, y dos que *no*... o tal vez debería decir en fe que *todavía no*. Wayne me contó cómo el décimo, sí (el hijo mayor), llegó a Cristo.

El hijo mayor de mi abuela se llama Johnny. Hace un mes, su vecino de al lado tuvo un sueño acerca de él en medio de la noche. Aquel vecino se sintió en la obligación de invitar a Johnny a la iglesia, y él aceptó su invitación aquel domingo, que resultó ser el Domingo de Ramos. Cuando entró en aquella iglesia, todo lo que podía escuchar era la voz de su madre, que decía su nombre mientras oraba. El pastor preguntó si alguien quería depositar su fe en Jesús, y Johnny levantó su mano a sus noventa y dos años. Fue bautizado el fin de semana siguiente, el Domingo de Pascua.

Yo hice un poco de matemáticas. La abuela de Wayne falleció cuando Johnny tenía setenta y siete años. Desde el día en que él nació, hasta el día en que ella falleció, ella oró por él tres veces al día. Si hacemos la cuenta, se trata de 84,315 ofrendas memorables. Ella no llegó a ver la respuesta a sus oraciones de este lado de la continuidad del espacio y el tiempo, ¡pero va a ser una de las primeras personas que le den la bienvenida a su hijo cuando él entre a la eternidad!

¿Tuvieron que ver algo sus oraciones con el sueño que tuvo el vecino a media noche? No me puedo imaginar que no haya habido relación alguna entre ambas cosas. Y esa es la belleza de la oración. Nunca sabemos cuándo Dios va a responder a nuestras oraciones, y nunca sabemos cuándo nosotros mismos somos la respuesta a la oración de otra persona. ¡Es posible que tú mismo seas la respuesta a 84,315 oraciones! Cuando vivimos por fe, cosechamos el producto de las semillas de unas oraciones que han estado sembradas durante décadas, siglos, milenios. Cuando vivimos por fe, esas ofrendas memorables se convierten en coronas de gloria. Las oraciones se convierten en alabanzas.

Nuestras oraciones no mueren con nosotros.
Dios las responde eternamente.

Ya. Prepárate. Listo.

[Abraham] salió sin saber a dónde iba.

HEBREOS 11.8

Nunca estarás preparado. Nunca estarás preparado para casarte. Nunca estarás preparado para tener hijos. Nunca estarás preparado para comenzar un negocio, o volver a estudiar, o ir al campo misionero. Nunca estarás listo económica, emocional o espiritualmente. Nunca tendrás suficiente fe, suficiente dinero o suficiente valor. Y si estás buscando alguna excusa, siempre encontrarás una.

Yo nunca he estado preparado, y estoy seguro de que nunca lo estaré, para nada de lo que Dios me ha llamado a hacer. Eso no significa que no me haya tratado de preparar. Me he esforzado por hacer estudios, pero he aceptado el hecho de que nunca estaré listo para nada que Dios me llame a hacer. Y no hay problema en eso. Dios no llama a los que tienen cualidades, sino que les da cualidades a los que llama.

Si esperas hasta que estés preparado, vas a estar esperando el resto de tu vida.

El autor de Hebreos escribe: «Por la fe Abraham, cuando fue llamado para ir a un lugar que más tarde recibiría como herencia, obedeció y salió sin saber a dónde iba» (11.8).

Abraham no conocía su punto final de destino, pero eso no impidió que diera el primer paso en su viaje. ¿Cuál es el primer paso que necesitas dar en tu viaje? Si das ese primer paso, Dios te revelará el segundo. El problema está en que la mayoría de nosotros queremos tener en la mano el plan para veinticinco años antes de disponernos a dar el paso de fe. Queremos saber con exactitud dónde vamos y cuándo llegaremos allí, pero Dios no opera de esa forma. Él nos da la revelación que es suficiente en el momento, la suficiente gracia y la suficiente fuerza. ¿Por qué? Porque así viviremos diariamente dependiendo de él. No quiere que nos apoyemos en la revelación; quiere que nos apoyemos en él.

Sin saber hacia dónde se dirigía, Abraham dio el primer paso. Y Dios lo honró. En la vida hay momentos en los cuales necesitamos dejar un trabajo, mudarnos o acabar con una relación amorosa. Y necesitamos dar ese paso sin saber cuál será el próximo. No esperes más revelación; sé obediente a la cantidad de revelación que te haya dado Dios.

¿Por qué no?

Hay una orden muy antigua que se da en diversas ocasiones: *¡Preparados! ¡Listos! ¡Ya!* Y sé que se habla de ella para destacar lo importante que es la preparación. Sin embargo, piénsala al revés. Preparado nunca vas a estar. Listo tampoco vas a estar nunca. Algunas veces lo que necesitarás es echar a andar. La secuencia de la fe es esta: *¡Ya! ¡Listo! ¡Preparado!*

Hay quienes se pasan toda la vida preparándose para lo que Dios quiere que hagan, pero nunca se deciden a hacerlo, porque nunca se llegan a dar cuenta de que jamás estarán preparados. Esa es la razón por la cual hay tantos que se quedan atascados. Si no actuamos en base a lo que sabemos que Dios nos está llamando a hacer, solo estaremos alimentando las dudas y el desaliento; eso es una forma de desobediencia.

Hace alrededor de dos mil años, Jesús dijo: «¡Vayan!». Entonces, ¿por qué operamos con esa mentalidad de luz roja en el semáforo? ¿Por qué estamos esperando a una luz verde que ya nos ha sido dada?

La visión de NCC es estar en veinte locales para el año 2020. Inaugurar locales nuevos es parte de nuestro ADN. Cuando lanzamos nuestra primera ubicación multisitios, hubo un poco de resistencia ante la idea. Algunas personas preguntaban el porqué. Y a cierto nivel, esa pregunta está justificada. Pero sinceramente, pienso que no es la correcta. La verdadera pregunta es esta: «¿Por qué no?».

¿Por qué no podríamos seguir abriendo nuevos locales y tratando de alcanzar a más personas? ¿Por qué no habríamos de seguir haciendo más de aquello que Dios está bendiciendo? ¿Por qué habríamos de dejar de multiplicarnos?

Como seguidores de Cristo, hemos sido llamados a tomar un enfoque tipo «*¿Por qué no?*» ante la vida. Es un enfoque de la vida que se atreve a soñar. Es un enfoque que se inclina a la acción. Y no anda buscando excusas para no hacer algo. No me interpretes mal. Es sumamente difícil discernir la voluntad de Dios. Aun después de orar y ayunar, discernirla suele traer consigo la toma de decisiones difíciles. Y estoy seguro de no estar abogando por un enfoque imprudente o carente de oración en cuanto a nuestra toma de decisiones. Necesitamos saber que Dios nos está llamando a dedicar nuestra vida a las misiones, a aprovechar el ofrecimiento de hacer nuestro aprendizaje en el trabajo, a dejar nuestro trabajo, a comenzarnos a mover. Pero me pregunto si tendremos tanto miedo a equivocarnos, que eso sea lo que impide que hagamos lo que debemos hacer.

Salte de la barca

Mi amigo, el doctor George Wood, tiene una asombrosa pintura en su oficina, en la que se ve a un hombre africano de pie en lo alto de una colina, mirando hacia el océano. En el horizonte se ven un gran barco a vapor y una canoa pequeña que se acerca a la orilla. En este caso, la historia vale mil cuadros. Simboliza lo importante que es irnos antes de estar preparados o listos.

En 1908, John y Jessie Perkins, que acababan de ser nombrados misioneros, estaban a bordo de un vapor que recorría la costa de Liberia. Ellos sabían que Dios los había llamado al África pero, como Abraham, no sabían exactamente dónde quería Dios que fueran. Así que compraron sus pasajes y confiaron en que Dios les diría dónde bajarse. Mientras el barco se abría paso alrededor de la Punta Garraway, sintieron que el Espíritu Santo les estaba indicando que se bajaran ahí.

Sin que los esposos Perkins lo supieran, en aquella región vivía un joven llamado Jasper Toe. Era un hombre que temía a Dios y practicaba los ritos religiosos recibidos de sus antepasados, pero nunca había escuchado el nombre de Jesús.

Una noche, miró al firmamento e hizo una sencilla oración: «Si hay un Dios en el cielo, ayúdame a encontrarte».

Mientras Jasper estaba allí de pie bajo las estrellas, le habló una voz que él nunca antes había oído. «Ve a la playa de Garraway. Vas a ver en el agua una caja de la cual sale humo. Y de esa caja que estará en el agua, saldrán algunas personas en una caja pequeña. Esas personas que llegarán en esa caja pequeña te dirán cómo encontrarme».

Jasper Toe viajó a pie durante siete días, hasta llegar a la playa de Garraway el día de Navidad de 1908. Desde la orilla, vio una caja negra, un barco a vapor, que flotaba en el agua y salía humo de ella. Y fue entonces cuando John Perkins y su esposa sintieron que el Espíritu Santo les decía: «Bájense del vapor aquí mismo. Este es el lugar donde quiero que vayan».

Cuando le pidieron al capitán del barco que los dejara bajar de la nave, él les dijo: «Aquí no los puedo dejar. Esta es una zona de caníbales. La gente que entra aquí, nunca regresa».

John Perkins insistió, diciéndole: «Dios quiere que nos bajemos aquí».

El capitán hizo detener el vapor y colocaron a los esposos Perkins en una silla con cabestrillo que se mecía junto a uno de los costados del buque. Subieron a una canoa junto con todas sus pertenencias y remaron hasta la orilla en aquella caja pequeña. Cuando llegaron a la orilla, Jasper Toe los estaba esperando para darles la bienvenida. Les hizo señas de que le siguieran, lo cual hicieron. No se podían comunicar con palabras, pero siguieron a Jasper Toe por todo el largo camino hasta su aldea. Después aprendieron el lenguaje de la gente que vivía allí. Comenzaron la primera iglesia en aquella aldea. Y Jasper Toe fue su primer convertido.

Los que conocieron a Jasper Toe lo describían como uno de los hombres más piadosos que hubieran conocido jamás. Su legado son los centenares de iglesias que ayudó a fundar en Liberia.

¿Y si los esposos Perkins hubieran ignorado lo que les estaba indicando el Espíritu Santo? ¿Y si hubieran desechado aquella idea que les venía de Dios, pensando que era una mala idea? ¿Y si hubieran preguntado *por qué*, en lugar de *por qué no*? ¿Y si hubieran decidido no arriesgarse y permanecer en el barco?

Estoy seguro de que Dios habría intervenido de alguna otra forma. Y prefiero pensar que sí lo habría hecho. Sin embargo, ¿quién puede calcular los costos de una oportunidad, cuando no hacemos caso de lo que nos indica el Espíritu, y de esa manera nos perdemos nuestras citas divinas? La fe no es fe mientras no se actúa de acuerdo con ella.

Ya. Prepárate. Listo.

Dibuja el Círculo

Si andas en busca de una excusa,
siempre va a encontrar alguna.

Pon el pie

«Yo les entregaré a ustedes todo lugar
que toquen sus pies».
JOSUÉ 1.3

Desde el lanzamiento de *El hacedor de círculos*, he recibido una corriente continua de mensajes electrónicos y cartas procedentes de lectores que han comenzado a trazar círculos alrededor de sus sueños, sus hogares y sus lugares de trabajo en sus oraciones. Una maestra de un barrio pobre que traza un círculo alrededor de su aula; una agente de bienes raíces que traza círculos de oración alrededor de las propiedades que representa; un equipo de médicos y enfermeras que han convertido sus rondas para atender a los pacientes en círculos de oración. Un miembro del Congreso que está trazando un círculo alrededor del Capitolio, y un capellán de la Liga Nacional de Fútbol que traza un círculo alrededor de las instalaciones donde practica su equipo. Uno de los lectores llegó incluso a trazar un círculo alrededor de su banco, orando por un milagro económico... hasta que intervino la policía. ¡Pensaban que estaba inspeccionando el edificio!

Hacer físicamente un círculo alrededor de algo en oración no tiene nada de mágico, pero sí de bíblico. Los israelitas hicieron círculos alrededor de la ciudad de Jericó, hasta que las murallas se vinieron abajo. De eso se trata el reto de cuarenta días de oración. Con demasiada frecuencia, dejamos de trazar el círculo casi tan pronto como comenzamos. Trazar un círculo de oración es en realidad una metáfora que solo significa «orar hasta que Dios responda». Es la decisión de orar tanto tiempo como sea necesario, aunque se tome más tiempo de lo que nos imaginemos.

Trazar círculos no es una especie de truco de magia destinado a conseguir de Dios cuanto queramos. Dios no es el genio de la lámpara, ni nuestros deseos constituyen órdenes para él. Más te vale que sean sus órdenes las que se conviertan en nuestros deseos. De no ser así, no estaremos trazando círculos, sino que terminaremos caminando en círculos.

El trazado de los círculos de oración comienza por el discernimiento de lo que Dios quiere; cuál es su voluntad. Y mientras su voluntad soberana no se convierta en el deseo santificado de nosotros, nuestra vida de oración estará desconectada de su fuente de energía. Y conseguir lo que uno quiere no es la meta; la meta es glorificar a Dios trazando círculos alrededor de las promesas, los milagros y los sueños que él quiere para nosotros.

Marca un perímetro en oración

A lo largo de los años, he trazado círculos de oración alrededor de promesas que están en las Escrituras y promesas que el Espíritu Santo ha concebido en mi espíritu. He trazado círculos de oración alrededor de situaciones imposibles y también de gente imposible. He trazado círculos alrededor de todo, desde mis propias metas hasta de propiedades. Pero permíteme que vuelva a mi primer círculo de oración y vuelva a caminar sobre mis propios pasos.

Cuando era estudiante de seminario con veintidós años de edad, traté de fundar una iglesia en la orilla norte de Chicago, pero esa iglesia nunca echó raíces. Seis meses más tarde, acabado de pasar por ese fracaso, Lora y yo nos mudamos de Chicago a Washington, D. C. Se me presentó la oportunidad de intentarlo otra vez, y mi reacción inmediata fue decir que no, pero Dios me dio el valor necesario para enfrentarme a mis temores, tragarme mi orgullo e intentarlo de nuevo.

Nuestro primer año en la fundación de la iglesia no fue nada fácil. Todos nuestros ingresos eran de dos mil dólares al mes, y mil seiscientos de esa cantidad eran para pagar el alquiler de la cafetería de una escuela pública del D. C. donde teníamos los cultos del domingo. En un buen domingo, se presentaban veinticinco personas. Entonces fue cuando aprendí a cerrar los ojos durante la adoración, porque era demasiado deprimente abrirlos. Me sentía poco calificado y abrumado, lo cual me puso exactamente donde Dios me quería. Así fue como aprendimos a vivir en una franca dependencia, la cual es la materia prima que usa Dios para realizar sus mayores milagros.

Un día, mientras estaba soñando despierto con la iglesia que Dios quería establecer en Capitol Hill, sentí que el Espíritu Santo me impulsaba a hacer una caminata de oración. Con frecuencia caminaba de un lado a otro mientras oraba en el cuarto vacío que había en nuestra casa, y que hacía al mismo tiempo el papel de oficina de la iglesia, pero aquel impulso era diferente. Estaba leyendo de principio a fin el libro de Josué en aquellos momentos, y una de las promesas saltó desde la página hasta mi espíritu:

«Tal como le prometí a Moisés, yo les entregaré a ustedes todo lugar que toquen sus pies».

Mientras leía la promesa que Dios le había hecho a Josué, sentí que él quería que yo reclamara la tierra a la cual nos había llamado, y marcara en oración un perímetro alrededor de todo Capitol Hill. Sentía una seguridad semejante a la que tenía Honi, de que así como esa promesa había sido transferida de Moisés a Josué, Dios me la transferiría a mí si tenía fe suficiente para trazar un círculo a su alrededor. Así que una mañana caliente y húmeda de agosto, tracé mi primer círculo de oración. Todavía sigue siendo la caminata de oración más larga que he hecho y el círculo de oración más grande que he trazado jamás.

Partiendo de la puerta del frente de nuestra casa en Capitol Hill, caminé hacia el este por la calle F y después doblé hacia el sur en la calle 8. Crucé East Capitol, la calle que separa los cuadrantes NE y SE de la ciudad, y giré hacia el oeste en la calle M del SE. Entonces cerré el círculo, que era en realidad más bien un cuadrado, tomando rumbo norte en la calle South Capitol. Hice una pausa para orar frente al Capitolio durante unos pocos minutos. Después terminé el círculo de siete kilómetros y medio de perímetro doblando a la derecha en la Union Station para dirigirme a mi casa.

Me había tomado cerca de tres horas para cerrar el círculo de oración, porque mi paso cuando oro es más lento que mi paso normal, pero

Dios ha estado respondiendo aquella oración de tres horas durante los últimos quince años. Desde el día en que tracé aquel círculo de oración alrededor de Capitol Hill, la iglesia ha crecido hasta convertirse en una congregación con siete locales en distintos puntos de la zona metropolitana del D. C. Y todas las propiedades que poseemos —Ebenezer's Coffeehouse, nuestro cine en Barracks Row y una edificación de ocho millones de dólares libre de deudas—, se encuentran dentro de ese círculo.

¿Coincidencia?

¡Más bien parece providencia!

Cuando los israelitas dieron vueltas alrededor de Jericó, no tenían idea de la forma en que Dios les iba a entregar la ciudad. Pero no permitieron que aquello que ellos no sabían impidiera que obedecieran la orden que se les había dado. Así que dieron vueltas alrededor de la promesa una y otra vez. ¡Dieron trece vueltas alrededor de la promesa en el lapso de siete días! ¿Por qué? ¡Porque aunque no sabían cómo Dios les iba a cumplir lo prometido, sabían que de alguna manera lo haría!

Y Dios no solo se hizo presente, sino que hizo alarde de su poder. ¡Echó abajo las murallas de Jericó como si se tratara de un juego de Jenga!

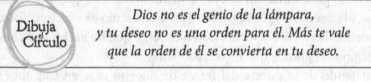

*Dios no es el genio de la lámpara,
y tu deseo no es una orden para él. Más te vale
que la orden de él se convierta en tu deseo.*

Un vellón de oración

«Tenderé un vellón de lana en la era».
JUECES 6.37

A nna es una bailarina profesional de veintitrés años de edad proce-
dente de Inglaterra, cuya vida quedó revolucionada después de leer
Tras el rastro del ave salvaje hace tres años. En estos momentos dirige
en Serbia un estudio de danza que ministra a los más pobres entre los
pobres, pero permíteme que te cuente de qué manera llegó allí.

El Salmo 37.4 declara que cuando uno se deleita en el Señor, él le
concede los deseos de su corazón. La palabra «conceder» traduce un
vocablo que significa «concebir». Cuando nos metemos en la presencia
de Dios, mueren nuestros viejos apetitos pecaminosos y nacen nuevos
anhelos santos en nuestro espíritu. Esos anhelos, aun unicelulares, se
convierten en sueños de toda la vida si los alimentamos en oración.

Anna estaba viviendo su sueño; se estaba ganando la vida con lo
que más le gustaba hacer. Entonces un día sintió una clara emoción
según la cual necesitaba usar su danza para Dios. No estaba segura de
lo que aquello significaba, pero no se lo podía quitar de encima. La
acompañaba durante el día y la mantenía despierta en la noche. Sus
amigos le aseguraron que ya se destacaba allí donde estaba, pero ella
sabía que había algo distinto; algo más. Entonces, un día leyó acerca
de un proyecto ministerial en Serbia y algo cobró vida en su espíritu.
Sintió que necesitaba ir a visitar aquella nación, pero no sabía absolutamente nada acerca de Serbia. De hecho, nunca había conocido a
un solo serbio. Entonces fue cuando puso un vellón de oración ante el
Señor: *Señor, si quieres que visite ese ministerio en Serbia, permite que
conozca esta semana a un serbio.*

Anna les habló de su vellón de oración a sus amigos y, aunque pensaban que se trataba de una oración alocada, aceptaron trazar un círculo de oración a su alrededor junto con ella. Dos días más tarde, un caballero alto y de pelo negro entró al estudio de danza donde Anna estaba practicando. Ella estaba segura de que era italiano, pero se le acercó y le preguntó de dónde era. Cuando él le dijo que era de Serbia, ella le contestó: «Usted es la persona que yo he estado esperando».

Seis meses más tarde, Anna empacó una maleta y su guitarra, compró un billete de ida solamente, y se mudó a Serbia, Ahora trabaja con los serbios que tienen menos ingresos de todos, enseñándoles inglés, Biblia y danza a los niños. Ha pasado de actuar en el escenario para las personas más distinguidas de Gran Bretaña, a hacer coreografías de danza para niños con discapacidades. Y le encanta lo que está haciendo cada segundo. Pero todo comenzó con un vellón de oración.

¿La siguiente idea que le dio Dios? Abrir una cafetería al estilo de Ebenezer's en Serbia. Por eso me envió una carta. Es más, la llamó *carta de oración*. Yo creo que se trataba de otra especie de vellón. Me sentí tan impresionado por su carta de oración, que difundí su historia y así el sueño de Anna se abrió paso hasta los corazones de otras personas. Un puñado de personas se me acercó para decirme que querían ayudar a ese ministerio. Y con la ventaja del cambio de monedas, unos pocos dólares estadounidenses se pueden convertir en un buen número de dinares serbios.

Cuidado

Hay momentos en los que necesitamos convertir nuestros deseos, ideas y sueños en vellones de oración. Ahora bien, tenemos que tener mucho cuidado cuando lo hagamos ante el Señor. Hablando en general, las señales no preceden a nuestros pasos de fe, sino que los siguen. Sin embargo, hay ocasiones en las cuales es correcto que le pidamos una confirmación a Dios, porque nos sentimos inseguros. No creo que lo debamos hacer con frecuencia, ni al azar, de una manera que no sería muy distinta a la costumbre de irle arrancando pétalos a una margarita mientras decimos: «Me quiere; no me quiere».

Así que te voy a hablar de unas cuantas precauciones que debemos tomar cuando de vellones se trate. En primer lugar, si Dios ha respondido a tu pregunta en las Escrituras, ya no tienes necesidad ni siquiera de formularla. No busques revelación cuando Dios ya te la haya dado. En segundo lugar, analiza tu motivación, para estar seguro de que no es egoísta. El vellón debe proceder de un genuino anhelo por honrar a Dios y hacer su voluntad. En tercer lugar, es necesario que estés dispuesto a aceptar la respuesta que recibas, sin tratar de corregirla.

Cuando Dios llamó a Gedeón para que se convirtiera en juez en Israel, este estaba lleno de inseguridades. Cuando el ángel se dirigió a él, llamándolo «guerrero valiente», estoy casi seguro de que Gedeón miró atrás por encima de su hombro para ver a quién le estaba hablando, porque era imposible que se estuviera dirigiendo a él. Pensó que Dios había cometido un error. «¿Cómo voy a salvar a Israel? Mi clan es el más débil de la tribu de Manasés, y yo soy el más insignificante de mi familia».

Pero me encanta la respuesta de Dios: «Yo estaré contigo». Eso es todo lo que necesitamos saber, ¿no es cierto? Si pudiéramos captar el sentido de dos verdades fundamentales, nos transformarían la vida: *Dios está con nosotros* y *Dios está a favor de nosotros*. Eso es todo lo que necesitamos saber. Dios está contigo y a tu favor. Deja que estas verdades penetren en tu espíritu. Y, dirás como proclama Romanos 8.31: «Si Dios está de nuestra parte, ¿quién puede estar en contra nuestra?».

El encuentro con el ángel no fue suficiente para Gedeón. Necesitaba más confirmación, así que se le ocurrió hacer una prueba. Puso delante del Señor un vellón, no una vez, sino dos. Y Dios lo tranquilizó pacientemente, porque se lo pedía movido por una humildad genuina.

> «Si me he ganado tu favor, dame una señal de que en realidad eres
> tú quien habla conmigo».

En 2003, cuando nuestra congregación se estaba preparando para convertirse en una iglesia multisitios y lanzar nuestro segundo local, yo estaba lleno de incertidumbres e inseguridades. Nos estábamos aventurando en un territorio desconocido, y sin mapa. Durante una reunión de oración y planificación que nos llevó todo un día, llegamos a la conclusión de que queríamos lanzar los locales en los cines del Centro

Comercial Ballston Common Mall, en Arlington, Virginia. Al terminar nuestro día de reunión, le pedimos a Dios favor y una señal; una oración parecida a la que había hecho Gedeón. Habíamos estado negociando con Regal Cinema durante tres meses, pero continuamente nos tropezábamos con una pared. Ellos solo nos querían dar acceso temprano por la mañana y el tiempo adicional tenía un precio prohibitivo. Después de meses de no llegar a ninguna parte en las negociaciones, y el día después que le pusimos un vellón delante al Señor, Regal cambió su estructura corporativa de precios. Podemos afirmar con certeza que en el mundo de los préstamos, si uno quiere más tiempo, paga más dinero. Y si, misteriosamente, consigue más tiempo por menos dinero, eso tiene que ser una señal del Señor. Era justamente la que necesitábamos y nos lanzó a convertirnos en una iglesia con dos locales.

Pídeselo a Dios

Uno de mis héroes en cuanto a la oración es George Müller. Además de pastorear una iglesia durante sesenta y seis años, fundó el orfanato de Ashley Down. Allí, cuidó de 10,024 huérfanos al mismo tiempo que fundaba 117 escuelas para educarlos a lo largo y ancho de Inglaterra. En moneda actual, George Müller recogió alrededor de ciento cincuenta millones de dólares. En sí, eso es ya una hazaña, pero lo que la hace más asombrosa es que él nunca le pidió un solo centavo a nadie. Se sentía obligado a pedirle solo a Dios cuando tenía una necesidad. Confiaba que Dios sabría con exactitud lo que él necesitaba, así que convertía todas las necesidades en oraciones. Cuando necesitaba arreglar una tubería, oraba para pedir un plomero. Cuando necesitaba comida, dinero o libros, oraba para que Dios se los proveyera. Se calcula que Dios respondió más de treinta mil oraciones específicas registradas por escrito en sus diarios. Y dicho sea de paso, la estadística más impresionante e importante podría ser esta: ¡Müller leyó la Biblia de principio a fin más de doscientas veces!

Müller oraba como si todo dependiera de Dios, pero trabajaba como si todo dependiera de él. Esto fue lo que escribió al respecto: «Este... es uno de los grandes secretos relacionados con la victoria en el servicio al Señor: trabajar como si todo dependiera de nuestra diligencia y, sin embargo, no apoyarnos lo más mínimo en nuestros esfuerzos, sino en la bendición del Señor». La clave de la productividad para el reino es esta: trabajar fuerte en lo que Dios nos ha llamado a hacer, pero no confiar en nuestra labor, sino en Dios.

Oswald Chambers escribió en una ocasión: «Permite que Dios sea tan original con otras personas, como lo es contigo». Este consejo se ha convertido en una especie de mantra espiritual. *Sé tú mismo*. Así que no estoy recomendando para todo el mundo el enfoque de George Müller en cuanto a la oración. Se trataba de un pacto personal que él se había sentido impulsado a hacer con Dios. Sin embargo, podemos aprender de su ejemplo. Tal vez le hayamos estado pidiendo a la persona equivocada: un jefe, un cónyuge, un amigo o un colega. Tal vez lo que necesitemos es pedirle a Dios.

No busques respuestas; busca a Dios. Y las respuestas te buscarán a ti.

Dibuja el Círculo

Cuando Dios da una visión,
siempre hace también provisión.

Ahora no

«Esperen la promesa del Padre».
HECHOS 1.4

Cuando Dios responde que no a una oración, no siempre quiere decir que *no*; algunas veces quiere decir que *todavía no*. Se trata de la petición correcta, pero fuera de tiempo.

Hace algunos años, Lora y yo andábamos buscando casa en Capitol Hill. Habíamos vivido en Hill desde 1996, cuando fuimos lo suficientemente afortunados para comprar una casa adosada de cien años de construida durante un tiempo en que el mercado era favorable a los compradores. Cuando nuestros hijos fueron creciendo, nuestra casa adosada de cuatro metros y medio de ancho pareció hacerse demasiado pequeña, así que comenzamos a buscar un lugar un poco mayor. Descubrimos la casa de nuestros sueños a menos de una calle de distancia, y decidimos hacer una oferta por ella, pero también conocíamos nuestras limitaciones económicas. Después de orar acerca de eso, presentamos nuestra mejor oferta, y sentimos que se trataba de un vellón. Si Dios quería que tuviéramos la casa, el dueño aceptaría nuestra oferta. Con el mercado de bienes raíces en decadencia, y el aumento del tiempo que una casa tardaba para venderse, estábamos confiados en que el vendedor aceptaría nuestra oferta. No la aceptó. Y por mucho que queríamos la casa y por tentados que nos sentimos a irnos por encima de la oferta que habíamos determinado de antemano, nos desentendimos de ella. En nuestra imaginación, ya habíamos decorado su interior, así que estábamos decididamente desilusionados. Pero también teníamos una paz total, porque habíamos orado acerca de aquella situación.

Dejamos de buscar casa durante un año. Entonces, una noche, mientras pasábamos en auto junto a la casa que habíamos tratado de comprar, Lora me dijo: «¿Te has sentido alguna vez como si esa fuera la casa que se nos escapó?». Habíamos pasado frente a la casa un centenar de veces, y Lora nunca había dicho nada. Pero aquel comentario informal debe haber sido una oración subconsciente, porque a la mañana siguiente, pusieron en el patio del frente un letrero que indicaba que la estaban vendiendo. Fue entonces cuando tuve la santa corazonada de que el *no* de Dios un año antes, era en realidad un *todavía no* que estaba a punto de convertirse en un divino *sí*.

¡Lo que Lora y yo no sabíamos era que el dueño nunca había podido vender la casa! Había estado a la venta doscientos cincuenta y dos días, no había aparecido ningún comprador y la habían sacado del mercado. Cuando el mismo dueño la volvió a poner a la venta, decidimos hacer *la misma oferta* que antes. Era un riesgo calculado, porque ya en una ocasión él había respondido que no, pero se trataba de otro vellón de oración. Le dijimos a nuestro agente de bienes raíces que esa era nuestra oferta definitiva. Estábamos dispuestos a volvernos a ir por segunda vez, pero en esa ocasión, el dueño aceptó la oferta... y Dios respondió a nuestra oración un año después del momento en que nosotros creíamos que lo haría. ¡Lo que creíamos que era un *no*, en realidad era un *todavía no* convertido en un *sí*!

A veces tenemos que estar dispuestos a dejar algo *en las manos de Dios*, a fin de volverlo a recibir *de Dios mismo*. Así como Abraham estuvo dispuesto a sacrificar a Isaac, probablemente se trate de algo que sea muy valioso para nosotros. Tal vez sea incluso un don de Dios, como Isaac lo era para Abraham. Pero Dios nos probará para asegurarse de que el regalo no sea más importante que aquel que nos lo hace; que el sueño no sea más importante para nosotros que el que nos lo dio. Nos probará para asegurarse de que no se trate de un ídolo. Si lo es, podríamos necesitar que ese sueño, regalo o deseo muriera, para poderlo resucitar. Pero Dios a menudo nos quita cosas para devolvérnoslas, de manera que sepamos que son unos regalos que debemos administrar para su gloria.

El paso por una muerte y una resurrección hace que valoremos más nuestra casa, que si las cosas hubieran sucedido de otra manera. Y lo hermoso no es que *nosotros seamos los dueños de la casa*; lo hermoso es que *la casa no es dueña de nosotros*. Cuando Dios nos devuelve algo después de habérnoslo quitado, ya sea una casa o nuestra salud, nosotros ya no lo damos por seguro.

Ahora viene lo mejor de todo. Habíamos esperado un año para comprar la casa, en realidad lo que sucedió fue que aumentó el valor de nuestra casa anterior en un diez por ciento, porque el mercado de bienes raíces había vuelto a mejorar en el D. C. Así que obtuvimos la casa de nuestros sueños por la misma cantidad de dinero y vendimos la casa anterior por mucho más dinero del que hubiéramos recibido un año antes. Decididamente, había valido la pena esperar. Y el diezmo por la venta de nuestra casa fue uno de los cheques que hemos hecho con mayor facilidad en nuestra vida, porque era muy evidente la bendición de la mano de Dios.

Espera

Detesto tener que esperar. No me gusta esperar cuando el semáforo está en rojo. No me gusta esperar en la clínica del médico. No me gusta esperar cuando compro la comida rápida en mi automóvil. Las cosas nunca son lo suficientemente rápidas. Ni siquiera me gusta esperar al 25 de diciembre, ¡así que comenzamos a abrir los regalos en el día de Nochebuena!

Menciona lo que quieras, que a mí no me gusta tener que esperarlo. Sin embargo, esperar forma parte de la oración, y la oración es una forma de esperar. La oración santifica nuestra espera, así que esperamos con santas expectativas. Y la espera no retrasa los planes y los propósitos de Dios. Siempre los acelera. La espera es el camino más rápido para todo lo que Dios quiera hacer en nuestra vida. Entonces descubriremos que en el calendario de Dios, un día es como mil años, y mil años como un día.

En nuestra impaciencia, muchas veces tratamos de hacer lo que le corresponde hacer a Dios. Tratamos la observancia del día de reposo como un lujo, no como un mandamiento. Lo obedecemos solo cuando nos conviene, entonces descubrimos que nunca nos conviene. Trabajamos como si el mundo girara alrededor de nosotros y se apoyara en nosotros. Tal vez haya llegado la hora de descansar, porque el mundo gira alrededor del Creador y se apoya en él, que es quien pone en su lugar las estrellas y hace girar a los planetas.

Permíteme decirlo enseguida: estamos excesivamente ocupados. El apóstol Pablo decía que tenemos la mala costumbre de meternos en todo. Siempre estamos tratando de hacer más y más en un tiempo cada vez menor. El resultado es que no tenemos margen alguno en nuestra vida. Y entonces es cuando marginamos la oración. Pensamos que tenemos demasiadas cosas entre manos para ponernos a orar, cuando en realidad, lo contrario es lo cierto: ¡tenemos demasiadas cosas entre manos para darnos el lujo de *no* orar! Martín Lutero dijo en una ocasión: «Tengo tanto que hacer, que necesito pasarme las tres primeras horas del día en oración». Mientras más tengas que hacer, más tendrás que orar.

Después de la ascensión de Jesús, los discípulos no se fueron inmediatamente «a todas las naciones». ¿Por qué? Porque Jesús les dejó unas instrucciones muy explícitas: «No se alejen de Jerusalén, sino esperen la promesa del Padre». En lugar de dedicarse inmediatamente al cumplimiento de su misión, esperaron al Espíritu Santo en Jerusalén. No trataron de adelantársele a Dios. Se reunieron en un aposento alto y estuvieron orando durante diez días. Esos diez días han estado pagando dividendos durante dos mil años.

Después de orar como si todo dependiera de Dios, necesitamos trabajar como si dependiera de nosotros. Pero si no oramos primero, nuestro trabajo no valdrá de nada. No podemos hacer algo para Dios, mientras no dejemos que Él haga algo por nosotros. Dios nos quiere llenar de su Santo Espíritu, pero nosotros necesitamos vaciarnos primero. Desde lo más profundo de nuestro corazón hasta lo más profundo de nuestra mente, el Espíritu Santo quiere llenar cuanta grieta y fisura que exista ya, y crear dentro de nosotros unas capacidades nuevas. Y cuando el Espíritu Santo comience a actuar en nosotros, tendremos nuevos pensamientos y nuevos sentimientos. Todo eso forma parte del conjunto de cosas que Él nos quiere dar.

Pero hay que esperarlo.

La cuestión es la siguiente: ¿cuánto tiempo estás dispuesto a esperar?

¿Qué sucedería si nosotros nos aisláramos en un aposento alto, nos arrodilláramos en un altar o nos encerráramos en un lugar de oración y dijéramos: «¡De aquí no salgo hasta que no haya recibido el don que me prometió mi Padre!»?. Te voy a decir exactamente lo que pasaría: Pentecostés volvería a suceder de nuevo.

No es posible planificar un Pentecostés. No es como si Pedro se hubiera levantado en el día de Pentecostés, con una lista de cosas por hacer que decía: «Hablar en lenguas». Él tampoco tenía planes para bautizar a tres mil personas aquel día. Pero si tú oras durante diez días, lo más seguro es que se produzca en ti un nuevo Pentecostés.

Dibuja el Círculo

Algunas veces, el «no» de Dios solo significa «todavía no».

Encuentra tu voz

La palabra del Señor vino a mí.
JEREMÍAS 1.4

Cuando yo tenía diecinueve años, el Espíritu Santo me despertó en medio de la noche. Nunca me había sucedido antes, ni tampoco me ha vuelto a suceder desde entonces. Tomé mi Biblia y me arrodillé al pie de mi cama. Cuando la abrí, encontré Jeremías 1. Comencé a leer y aquel texto comenzó a leerme a mí. En el contexto original, Dios le estaba hablando a Jeremías, pero entonces era como si el Espíritu Santo me estuviera hablando a mí directamente. El llamado de Jeremías es mi llamado también.

No comprendía plenamente las ramificaciones o consecuencias de ese singular suceso que ocurrió hace más de dos décadas. De hecho, todavía no lo comprendo del todo. Los llamados de Dios no se comprenden ni se convierten en realidad durante meses, años o décadas. Por lo general, se llevan toda una vida. Y hay un versículo en particular que siempre me había confundido.

«Antes de formarte en el vientre, ya te había elegido; antes de que nacieras, ya te había apartado; te había nombrado profeta para las naciones».

Era la última parte la que me parecía que no tenía sentido: «Te había nombrado... para las naciones».

Me confundía, porque nunca me he sentido llamado a ser misionero. No sabía cuál parte del llamado se cumpliría. Fue entonces cuando un amigo me envió un mensaje electrónico que me abrió los ojos y me ayudó a trazar la línea entre los puntos.

*Estoy hablando en una conferencia nacional de líderes en Malasia, y
visité hoy la mayor librería que hay en Kuala Lumpur. Me entusiasmó
ver tu libro en un lugar muy visible dentro de la sección de libros
religiosos. ¡Me detuve allí mismo para alabar a Dios por la influencia
que te ha dado en las naciones!*

Las últimas palabras fueron las que captaron mi atención: *en las
naciones.*

Yo me siento tan llamado a escribir como a pastorear, pero nunca
había considerado mis escritos como *proféticos* o como *internaciona-
les.* Entonces me di cuenta de que mis libros son traducidos a más de
una docena de idiomas. En un momento de revelación, comprendí que
Dios había cumplido su promesa, y yo ni siquiera lo sabía. Me había
enviado a las naciones, pero sin mudarme a un campo misionero. Mis
libros son como esos mensajes metidos en botellas que van a parar a
orillas muy distantes.

He recibido una cantidad incalculable de cartas procedentes de lectores del mundo entero, pero nunca antes había trazado la línea entre los
puntos. Sencillamente, no sabía que Dios cumpliría esa parte de mi llamado de esa manera en particular. Sin embargo, así es como Dios obra,
¿no es cierto? Nos juega una broma. Nosotros pensamos que vamos a ir a
algún lugar para hacer algo, pero él siempre tiene otras motivaciones. En
su voluntad hay una rima y una razón de las cuales ni siquiera estamos
conscientes.

La impresión vocal

Cada uno de nosotros tiene su impresión vocal exclusiva, no solo en el
sentido físico, sino también en el espiritual. Dios quiere hablar a través
de ti de manera diferente de como habla a través de todos los demás. Tu
vida es una traducción exclusiva de las Escrituras. No importa lo que
hagamos en la vida; si somos políticos, predicadores, artistas, amas de
casa, maestros, músicos, abogados o médicos. Hemos sido llamados a
ser una voz profética para la gente que Dios nos pone en el camino. Pero
la clave para que descubras tu voz profética consiste en cultivar un oído
profético. Si quieres hallar tu voz, necesitas oír primero la voz de Dios.

Durante un viaje que hicimos recientemente a Etiopía, conocí a varios líderes maravillosos. Un grupo de casi una docena de líderes políticos, médicos y empresariales que se reúnen regularmente como parte de un estudio bíblico. Dios los está usando para darle forma a un país y a un continente. Conocí a una dama que desempeña un papel crucial en la Unión Africana, un doctor que está levantando un hospital en una región rural de Etiopía y un constructor que está diseñando la primera cancha de golf que se ajusta a las normas de la Asociacion Profesional de Golfistas (PGA, por sus siglas en inglés) en el este de África. Lo que descubrí durante mi visita es que tienen una cosa en común: todos se pasan un día a la semana en oración y ayuno. Tal vez nos sintamos tentados a pensar que son menos productivos porque pierden un día de trabajo, pero es muy probable que sean más productivos, porque desperdician muchísimo menos tiempo en asuntos que no producen nada.

Vivimos en una cultura en la cual todo el mundo quiere que se le escuche, pero muchas personas no tienen nada que decir. No te preocupes por crearte una plataforma para que te escuchen. Si tú escuchas a Dios, la gente te escuchará a ti. ¿Por qué? ¡Porque tendrás algo qué decir! Y Dios te va a dar una plataforma desde la cual podrás hablar.

Entonces, ¿cómo escuchamos la voz de Dios?

Lo primero que tienes que hacer es abrir tu Biblia. Cuando abres la Biblia, Dios abre la boca. La forma más segura de recibir una palabra de Dios es meternos en su Palabra escrita. Dios te va a hablar *a ti*, y después va a hablar *a través* de ti.

Mientras tanto, asegúrate de no tener ningún pecado sin confesar en tu vida. El pecado no solo endurece el corazón, también endurece el oído. De hecho, hace que no oigamos a Dios, porque no queremos escuchar la voz del Espíritu Santo, que nos trae convicción. Pero si no estás dispuesto a escuchar la convicción que te presenta el Espíritu, no vas a escuchar su voz consoladora, su voz perdonadora ni su voz misericordiosa tampoco. El pecado crea un distanciamiento en las relaciones, y la distancia hace más difícil escuchar el susurro del Espíritu Santo. Pero si te acercas a Dios, no te vas a perder nada de lo que él diga. Y si inclinas tu oído hacia él, él inclinará el suyo hacia ti.

Cuando veo que mi vida ha sido invadida por demasiados ruidos constantes, y que me está costando trabajo escuchar la voz de Dios, muchas veces entro en una temporada de ayuno. Ayunar es algo así como eliminar los ruidos. Me ayuda a sacar de mi sintonía las voces a las que no debería estar escuchando y, al mismo tiempo, sintonizar la frecuencia de Dios. Aun así nos será difícil distinguir entre nuestros propios pensamientos y la voz inaudible del Espíritu Santo, pero como en nuestra relación con un ser amado, comenzamos a discernir su voz de una manera más precisa. Finalmente, será como la voz de nuestro cónyuge o de uno de nuestros hijos. Vamos a ser capaces de interpretar hasta sus entonaciones más sutiles.

Dibuja el Círculo

Si quieres encontrar tu voz, necesitas escuchar la voz de Dios.

Una voz profética

*«¡Cómo quisiera que todo el pueblo
del Señor profetizara!».*
NÚMEROS 11.29

Durante el torneo de baloncesto de la NCAA [Asociación Nacional Atlética Universitaria, por sus siglas en inglés] en el año 2012, escuché una entrevista que le hicieron después de un juego a Buzz Williams, entrenador de los Marquette Screaming Eagles. Tras la victoria que hizo avanzar a su equipo hasta el grupo de los Sweet Sixteen [antepenúltima selección de equipos para escoger a los competidores finales que se enfrentaran por el campeonato], el entrenador Williams se refirió a sus jugadores, llamándoles «cazadores de leones». Eso me llamó la atención porque uso esa frase repetidamente en mi libro *Con un león en medio de un foso*. Resultó ser que el pastor de Buzz, que asistió conmigo a la universidad, le había dado un ejemplar del libro. Él y muchos de sus jugadores lo leyeron inmediatamente antes de que comenzara lo que llaman la «locura de marzo».

Cuando terminó la temporada, Buzz voló hasta el D. C. para que pudiéramos pasar unas cuantas horas juntos. Descubrimos que los pastores tenemos algo que aprender de los entrenadores, y viceversa. Buzz es el primero en admitir que él es «una obra sin terminar». Yo también lo soy. Pero me encanta el hecho de que su intensa pasión por Jesús está a la par de la que tiene por el baloncesto. Y no está interesado únicamente en la forma en que rindan sus jugadores en la cancha; está invirtiendo en ellos para la eternidad.

Solo cuatro de los muchachos del grupo actual de Buzz conocen a su padre biológico. Solo dos de ellos proceden de una familia en la que hay un matrimonio intacto. Muchos de los muchachos de su equipo no tuvieron una voz paterna de amor o de disciplina, así que Buzz se ha convertido en esa voz.

Durante los primeros cien días de la participación de los novatos en su programa, Buzz se reúne con ellos a diario. Ellos llegan a su oficina y él ora con ellos, incluso con aquellos que no creen en Dios. ¡Buzz me dijo que ha tenido unos cuantos silencios incómodos! Después de orar los unos por los otros, se dan un abrazo. Y el entrenador Williams les dice que los ama.

A mí me parece que Buzz ve a su equipo de doce jóvenes de la misma manera que Cristo a sus doce discípulos. ¿Y no es así como nosotros deberíamos ver a todas las personas que Dios ha puesto deliberadamente en nuestra vida: parientes, amigos, colegas y vecinos? Buzz es más que un entrenador que ve el potencial atlético de sus jugadores; también es un profeta que ve su potencial espiritual. Y sabe que esas dos cosas no dejan de tener relación entre sí.

Las profecías personales

La oración no es únicamente la manera en que cultivamos nuestro propio potencial; es la forma en que reconocemos el potencial de los demás. Al igual que Pablo, que vio en Timoteo unos dones que el mismo joven no veía, por medio de la oración, Dios nos capacita para ver con ojos proféticos. Nos da una comprensión de tipo sobrenatural. Por lo que estaremos preparados para hablarles con valentía profética a las vidas que Dios nos pone en el camino.

Los filósofos judíos no creían que el don profético estuviera reservado para unos cuantos individuos escogidos; creían que llegar a ello era el punto máximo del desarrollo mental y espiritual. Mientras más crecemos en la gracia, más proféticos nos volvemos.

Eso no significa que vayamos a comenzar a predecir el futuro; significa que vamos a comenzar a crearlo. ¿Cómo? ¡Por medio de nuestras oraciones! La oración es la forma en que escribimos el futuro. Es la diferencia entre dejar que las cosas pasen y hacer que pasen. Y cuando le hablamos palabras proféticas a alguien, eso le da un nuevo aliciente en la vida.

De acuerdo a 1 Corintios 14.3, el profeta habla palabras de consuelo y de aliento según le indica el Espíritu Santo. Y hay profetas de todos los tamaños y todas las formas. Pero el denominador común es una comprensión profética que se deriva de la oración intercesora. Mientras más oremos, más proféticos seremos. Y yo sé que parece un juego de palabras, pero mientras menos oremos, más patéticos nos volveremos. Lo siento, no me pude resistir, porque eso es cierto.

Laurie Beth Jones afirma que por lo menos el cuarenta por ciento de nuestra vida se basa en profecías personales. No estoy seguro en cuanto a la forma en que se puede sustentar esta estadística, pero la considero muy digna de crédito. La palabra correcta, dicha en el momento correcto, puede marcar una diferencia eterna. En *The Power of Positive Prophecy* [El poder de la profecía positiva], Laurie Jones da un excelente ejemplo de la forma en que una palabra profética puede cambiar el destino de una persona:

> Crecí en un hogar de alcohólicos en el cual nunca escuché una sola palabra positiva. De camino a casa cuando salía del colegio, siempre pasaba por el establecimiento de Jimmy, el tintorero local, porque él tenía caramelos en el mostrador. Él me llegó a conocer, y una tarde me dijo: «Michael, tú eres un chico muy inteligente. Algún día vas a dirigir un negocio muy grande». Yo lo escuché sin creerlo, y regresé a casa, solo para que mi padre me llamara «perro» y me diera unos cuantos golpes. Pero sabes... Jimmy, el tintorero, era la única persona que recuerdo que creía en mí... Hoy en día dirijo una organización multimillonaria de cuidado de la salud, tal como Jimmy lo predijo. Me parece que se podría decir que un tintorero fue el profeta de mi vida.

Tal vez no te veas a ti mismo como profeta, pero lo eres. Eres profeta para tus amigos. Como explico en *Praying Circles around Your Children* [Traza círculos de oración alrededor de tus hijos], los padres son profetas para sus hijos. Tú eres profeta en el trabajo y profeta en el hogar. Y tus palabras tienen el potencial de cambiar vidas al ayudar a las personas a descubrir su identidad y su destino en Jesucristo.

A veces necesitarás el valor suficiente para reprenderlas. Por ejemplo, cuando atrapas a tus hijos haciendo algo incorrecto, recuérdales esto amorosamente: *tú no eres así*. Y cuando los encuentres haciendo algo correcto, refuerza sus actos. Celebra aquello que quieres ver con mayor frecuencia. Esa es una de las maneras de avivar la llama del don de Dios.

No es necesario que influyas en miles de vidas para que marques una diferencia. Tal vez hayas sido llamado a influir sobre una persona que a su vez va a influir en miles más. Siembras en su vida, para que pueda recoger una cosecha. El fruto de su vida es tu recompensa.

Siempre me he sentido inspirado por algo que dijo Dag Hammarskjöld, que fuera Secretario General de las Naciones Unidas: «Es más noble entregarse por completo a una sola persona, que trabajar diligentemente por la salvación de las masas».

En los puntos críticos de mi vida, Dios me ha puesto profetas en el camino. Han sido personas comunes y corrientes: un misionero llamado Chris Smith; un profesor universitario llamado Opel Reddin; un mentor llamado Dick Foth. Dios los usó a ellos para decirme la palabra correcta en el momento oportuno. Él se lleva toda la gloria por todo cuanto hace en nosotros y a través de nosotros, pero hay personas a lo largo del camino, a las cuales también les debemos dar algo de crédito.

Dibuja el Círculo   *La oración es la forma en que reconocemos el potencial que hay en los demás.*

El juego con los minutos

Oren sin cesar.
1 TESALONICENSES 5.17

El 30 de enero de 1930, Frank Laubach comenzó un experimento de oración al que llamó «el juego con los minutos». Estaba insatisfecho ante su falta de intimidad con Dios, por lo que decidió hacer algo para resolverla. Uno de los que inspiraron el experimento de Laubach fue el Hermano Lorenzo, un monje del siglo diecisiete cuyo único propósito en la vida era vivir en la presencia de Dios. Para el Hermano Lorenzo, eso no significaba retirarse de la rutina cotidiana; significaba redimir todas y cada una de esas rutinas para convertirlas en oración. Durante décadas, el Hermano Lorenzo trabajó en la cocina de su Monasterio Carmelita, lavando los platos y preparando las comidas, pero convirtió en oraciones sus deberes. Después de muchos años de ejercitarse en la presencia de Dios, la oración se convirtió para él en una forma de vida. En sus propias palabras: «El tiempo laboral para mí no difiere del tiempo de oración; por lo que, en medio de los ruidos y estrépitos de mi cocina, mientras algunas personas están pidiendo cosas diferentes al mismo tiempo, yo siento a Dios dentro de mí como una inmensa tranquilidad, tanto como si estuviera de rodillas ante el santísimo sacramento».

Inspirado por el ejemplo establecido por el Hermano Lorenzo, Laubach comenzó su experimento de oración. La motivación que lo impulsaba era una pregunta que lo consumía mientras estaba despierto: *¿podemos tener contacto con Dios todo el tiempo?* Su vida se convirtió en la búsqueda de una respuesta para esa pregunta. Como un explorador que se lanza a un viaje de descubrimiento, Laubach comenzó a navegar por su experimento de oración. Había decidido convertir el resto de su vida en un experimento que le permitiera responder esa pregunta.

Laubach describe «el juego con los minutos» de la manera siguiente:

> Tratamos de traer a Dios a la mente por lo menos durante un segundo de cada minuto. No necesitamos olvidar las otras cosas, ni detener nuestro trabajo, sino que lo invitamos para que participe en todo lo que hagamos, digamos o pensemos. Somos centenares los que hemos experimentado hasta hallar formas de permitir que él comparta cada uno de los minutos del tiempo que estamos despiertos.

Una de las formas en las cuales Laubach practicaba ese juego, era lanzándoles a las personas una oración silenciosa. No amartillaba una pistola, ni usaba el índice para disparar, y después soplar el humo imaginario; sencillamente, oraba por las personas mientras las miraba. Había personas que pasaban junto a él sin reaccionar, pero otras volvían repentinamente la cabeza y le sonreían. Algunas veces, todo el porte de una persona cambiaba. El simple hecho de orar por todos aquellos con los que se encontraba, convirtió la rutina del día en una aventura cotidiana.

Yo no aconsejo que nadie use los mismos gestos que si estuviera disparando, pero en 1 Timoteo 2.1 hay una manera estupenda de halar el gatillo: «Así que recomiendo, ante todo, que se hagan plegarias, oraciones, súplicas y acciones de gracias por todos». Poner en práctica este pasaje es tan sencillo como orar por las personas antes o después de encontrarnos con ellas. Antes de entrar a una reunión, ora por las personas con las cuales te vas a reunir. Pídele a Dios favor, discernimiento y gracia. Después, cuando te vayas, ora para bendecirlos a todos. La oración de bendición no es solo algo que pronuncian los pastores sobre la congregación al final de los cultos. Si eres hijo de Dios, eres sacerdote. Tienes el derecho y la responsabilidad de pronunciar bendición sobre todas las personas que intervienen en tu vida, desde tus hijos hasta tus colegas y tus clientes, y también todos los que quedan en el medio.

Las rutinas de oración

La clave para orar sin cesar radica en convertirlo todo en oración. Por lo general comienza con las cosas grandes, como los problemas y los sueños. Después va llegando a las cosas más pequeñas, como los trabajos de la casa y las rutinas. Y al final, toda tu vida se convierte en una oración continua.

Todos los pensamientos. Todas las acciones. Todos los momentos.

Si eres de los que se preocupan por naturaleza, te tengo una buena noticia. Tienes un inmenso potencial para la oración. El apóstol Pablo escribe: «No se inquieten por nada; más bien, en toda ocasión, con oración y ruego, presenten sus peticiones a Dios». Si te preocupas por todo, tendrás mayores probabilidades de orar sin cesar con el solo hecho de que aprendas a convertir tus preocupaciones en oraciones. El Espíritu Santo puede redimir tus pensamientos llenos de ansiedad, usándolos para provocarte a la oración. Piensa en tus preocupaciones como alarmas de oración. Cada vez que suene la alarma, conviertela en oración. Cuando lo hagas, descubrirás que tus ansiedades se van a evaporar como la neblina del amanecer. Así que deja de desperdiciar tus preocupaciones. Redímelas reciclándolas. ¡Convierte tus preocupaciones en oraciones!

¿Qué tal si dejaras de leer el periódico para comenzar a orar por lo que dice? ¿Y si convirtieras las reuniones para almorzar en reuniones de oración? ¿Y si transformaras tus deberes en oraciones?

¡Estarías mucho más cercano a la meta de orar sin cesar!

Cuando estés doblando la ropa limpia de tus hijos, ora para que sean revestidos con la justicia de Cristo. Cuando vayas al trabajo y regreses a casa, deposita ante él las cosas que te preocupan. Cuando arropes a tus hijos en la cama por la noche, haz que las últimas palabras que oigan sean tus oraciones por ellos.

Una de mis rutinas de oración más nuevas y significativas consiste en arrodillarme junto a la cama al comienzo de cada día. Es lo primero que hago. Salgo de la cama y me pongo de rodillas. Quiero que sea Dios el que tenga mis primeros pensamientos; mis primeras palabras.

Eso me sintoniza con la frecuencia divina. Entona mi día. Me hace adoptar una actitud que dura el día entero.

Un santo experimento

Cuando llevaba seis meses en su juego con los minutos, Laubach escribió acerca de su sacro experimento en su diario de oración.

> El lunes pasado fue el día en que obtuve el éxito más completo de mi vida hasta la fecha, en cuanto a lo que es entregar mi día a Dios en un sometimiento absoluto y continuo... Recuerdo cómo miraba a la gente con un amor que Dios me daba, y la gente me devolvía la mirada, actuando como si se quisiera ir conmigo. Entonces sentí que por un día, había visto un poco de ese maravilloso atractivo que tenía Jesús mientras iba por el camino día tras día, «embriagado de Dios» y radiante con la interminable comunión de su alma con Dios.

La razón por la cual la mayoría de las personas no sienten intimidad con Dios, es que no tienen un ritmo diario de oración. Tal vez tengan la regularidad semanal de asistir a la iglesia, lo cual es estupendo, pero hacerlo no produce en sí mismo una intimidad con Dios. ¿Te puedes imaginar lo que sería conversar con tu cónyuge o tus hijos una vez por semana? Dios quiere tener una relación contigo que sea de día en día, de hora en hora y de minuto en minuto.

Te tengo una buena noticia: Dios solo se halla a una oración de distancia. La distancia más corta entre tú y Dios es la misma que hay entre tus rodillas y el suelo. Pero no es imprescindible que caigas de rodillas, o inclines la cabeza, o juntes las manos, para que te oiga. La oración no es algo que hacemos con los ojos cerrados; es algo que hacemos con los ojos bien abiertos. No es una oración que comienza en un «Amado Jesús» y termina en un «Amén». De hecho, las mejores oraciones ni siquiera contienen palabras. La mejor oración es una vida bien vivida, día tras día.

Convierte en un juego tu vida de oración. Intenta experimentar con una nueva postura, como caminar o arrodillarte. Intenta experimentar diferentes clases de ayunos, desde el ayuno de alimentos hasta el de televisión, el de sueño o el de Facebook, pero recuerda que la clave está en renunciar a algo para reemplazarlo con oración. Intenta orar en momentos diferentes, como al principio de la mañana o al final de tu día en la noche. Intenta experimentar con diferentes técnicas. Crea una lista de oración o comienza a escribir tus oraciones en un diario.

Si quieres que Dios haga algo nuevo en tu vida, no puedes seguir haciendo lo mismo de siempre. Mi consejo es sencillo: haz algo diferente. ¡Y ya verás lo diferentes que se vuelven las cosas!

Dibuja el Círculo

Cambio de ritmo + Cambio de lugar = Cambio de perspectiva

Un doble círculo

«Esta clase no sale sino con oración y ayuno».

MATEO 17.21, LBLA

D urante quince años fui un escritor frustrado. Tenía en mi computadora media docena de originales a medio terminar, pero no parecía tener forma de terminar un libro. Comencé a pensar que el sueño de escribir uno tal vez no fuera más que un espejismo. Finalmente, cuando mi nivel de frustración se hallaba en el punto más alto de todos los tiempos, decidí movido por la desesperación que ayunaría en cuanto a los medios de comunicación durante cuarenta días. Ese ayuno fue el punto en el cual cambió de dirección mi carrera de escritor. Necesitaba avanzar, pero para eso hacía falta algo más que oración; hacían falta la oración y el ayuno. Mientras sucedía todo eso, descubrí que escribir se había convertido en una manera de orar. Yo no escribo en un teclado, sino que oro sobre él. Y cuando todo terminó, ya había acabado mi primer libro, el que publiqué por mi cuenta.

Hay ocasiones en las cuales trazar un círculo alrededor de algo no es suficiente. Necesitamos trazar dos círculos; la oración y el ayuno. Mateo 17.21 nos dice que hay ciertos milagros que solamente se producen como respuesta a la oración y el ayuno. De la misma manera que abrimos un candado de combinación doble, necesitamos tanto orar como ayunar para desatar el milagro. Y la combinación de esas disciplinas espirituales no es una simple suma; lo que hace es multiplicar su eficacia. El ayuno nos va a llevar más adentro de la presencia de Dios que la oración, y con mucha mayor rapidez. Seguimos necesitando paciencia y perseverancia, pero el ayuno tiene una manera especial de acelerar nuestra vida de oración, como una cámara hiperbólica que acelera la curación, o un hiperenlace que nos lleva a algún lugar con solo pinchar una vez el ratón. El ayuno es la hiperoración.

Hay muchas clases de ayuno. Yo hago uno de veintiún días, al estilo de Daniel cada principio de año. Ese ayuno consiste en limitarse a frutas y vegetales. Algunas veces ayuno desde el amanecer hasta el atardecer. Y en ocasiones ayuno de todos los alimentos durante períodos breves de tiempo. Pero aunque la clase más obvia de ayuno es la que tiene que ver con la comida, el ayuno de los medios de comunicación puede ser igualmente poderoso. Si queremos escuchar la voz de Dios, tenemos que librarnos de la estática que hay en nuestra vida. Un ayuno de televisión o de Facebook podría ser precisamente lo que necesitemos para escuchar con mayor claridad la voz de Dios.

Cualquiera que sea el tipo de ayuno que hagamos, necesitamos fijarle un marco de tiempo y un objetivo. Si no determinamos con exactitud cuándo comienza y cuándo termina el ayuno, encontraremos excusas para hacer concesiones y probablemente terminarlo. Por eso debemos establecer una fecha para comenzarlo y otra para terminarlo, y después decidir cuál es la razón por la cual estamos ayunando.

Podemos ayunar para pedir libertad del yugo de la esclavitud. Podemos pedir discernimiento en una decisión que necesitemos tomar. Podemos ayunar para pedir favor. Podemos ayunar para consagrarle algo a Dios: un nuevo año, un nuevo trabajo o un nuevo negocio. Podemos ayunar para pedir un progreso en nuestra economía, nuestras relaciones o nuestras emociones. O sencillamente, podemos ayunar para buscar lo que tiene Dios en el corazón para nosotros.

La carne

En la víspera de su crucifixión, Jesús estaba en el huerto de Getsemaní orando intensamente. Se suponía que sus discípulos también estuvieran orando, pero en realidad, estaban dormidos. Podemos sentir la desilusión en la voz de Jesús, cuando les preguntó: «¿No pudieron mantenerse despiertos conmigo ni una hora?».

Vale la pena trazar un círculo alrededor de ese desafío. Tómalo literalmente. Tómalo personalmente.

Estoy convencido de que una hora de oración causará una verdadera revolución en nuestras vidas de maneras que no podemos ni imaginarnos siquiera. Nos ayudará a ganar acceso a nuevas dimensiones en cuanto al poder de Dios. Nos ayudará a acercarnos en amor, hasta a la gente más difícil. Y nos dará la sabiduría que necesitamos para atravesar nuestros mayores retos.

Los discípulos le fallaron a Jesús cuando más los necesitaba. Su fallo no solo lo hirió a él, sino que él sabía que también les haría daño a ellos. Permíteme que especule con una pregunta: ¿habría negado Pedro a Jesús si hubiera estado orando y no durmiendo? Tal vez le falló, porque no había orado lo suficiente. Aunque no lo puedo demostrar, pienso que Pedro habría pasado la prueba de la tentación si hubiera orado sin cesar. Su traición comenzó cuando se quedó dormido en el huerto, en vez de orar sin desmayar. Esos son los momentos en los que se pierde o se gana la batalla.

Por eso Jesús fue directamente a la esencia misma del problema: «El espíritu está dispuesto, pero el cuerpo es débil».

Nunca se han dicho palabras más ciertas que esas.

La mayoría de las personas tienen un espíritu bien dispuesto. La carne débil es la que se interpone en el camino. El problema no es el deseo; el problema es el poder y, más concretamente, la fuerza de voluntad. Aquí es donde entra en juego el ayuno. La razón por la cual el ayuno nos da más poder para orar, es porque ejercita la fuerza de voluntad. La disciplina física nos da la norma espiritual necesaria para orar sin desmayar.

Para serte sincero, yo batallo más con el ayuno que con ninguna otra disciplina espiritual, por una sencilla razón: me encanta comer. Pero el ayuno es la manera en que le digo a Dios: *te deseo a ti más que a la comida*. También he descubierto que decirle que no a la comida, me ayuda a decirle que no a cuantas cosas desea mi carne. Es como una tanda espiritual de ejercicios que fortalece mi fuerza de voluntad. Si le puedo decir que no a la comida, les puedo decir también que no a otras formas de tentación.

Cuando hacemos ejercicios, rompemos nuestras fibras musculares para que se puedan reconstruir más fuertes aún. De una manera muy parecida, el ayuno rompe nuestro orgullo, nuestras esclavitudes, nuestra voluntad. Nos ayuda a romper los malos hábitos y formar los buenos. El ayuno es la forma en que rompemos nuestras callosidades espirituales y recuperamos nuestra sensibilidad ante el Espíritu Santo.

Y si vivimos en ese quebrantamiento, Dios nos edificará de nuevo en el poder del Espíritu Santo. Después de cuarenta días de ayuno, sin duda el cuerpo de Jesús se había debilitado. Pero las Escrituras afirman: «Y Jesús volvió en el poder del Espíritu a Galilea».

Con el estómago vacío

Cada vez estoy más convencido de que la respuesta a todas las oraciones es más del Espíritu Santo. ¿Necesitas más poder? Entonces necesitas más del Espíritu Santo. ¿Necesitas más sabiduría? Entonces necesitas más del Espíritu Santo. ¿Necesitas más amor, gozo, paz, paciencia, amabilidad, bondad, fidelidad, delicadeza o dominio propio? Entonces necesitas más del Espíritu Santo.

Necesitamos estar llenos del Espíritu Santo, pero primero nos tenemos que vaciar de nosotros mismos. Y una de las mejores formas de vaciarnos es ayunando.

Cuando tengo una decisión importante que tomar, trazo alrededor de ella un círculo de ayuno. Eso no solo purifica mi cuerpo, sino que también purifica mi mente y mi espíritu. Y también purifica mi motivación. Cuando necesito abrirme camino, trazo un círculo de ayuno alrededor de esa necesidad. Eso no solo rompe los desafíos a los que me estoy enfrentando, sino que también rompe las callosidades que pueda haber en mi corazón.

Un estómago vacío podría ser la postura de oración más poderosa de las Escrituras. ¡Es más poderosa aun que arrodillarse! Le hace ver a Dios que vamos en serio. Y cuando ayunamos, ¡Dios hace que nuestros intereses sean también suyos!

Tal vez haya algo por lo que has estado orando, que necesite que comiences a ayunar por ello. Necesitas llevarlo al siguiente nivel. Traza un doble círculo ayunando por un amigo o por un pariente. Durante nuestro reto de cuarenta días de oración, los grupos pequeños se convirtieron en círculos de oración en los que se oraba por los amigos que estaban batallando con el cáncer, o solicitando empleo, o luchando por salvar su matrimonio. Y las respuestas fueron absolutamente asombrosas. Si trazas un doble círculo alrededor de las cosas con oración y ayuno, ¡no te sorprendas si recibes una doble bendición!

Dibuja el Círculo

Si quieres romper un hábito de pecado, tienes que crear un hábito de oración.

Deja de orar

«¡Hiciste bien, siervo bueno y fiel!».
MATEO 25.23

Uno de los momentos definidores en mi vida de oración tuvo lugar hace una década. Yo me hallaba en un grupo pequeño con Jeremy, un amigo que trabajaba para InterVarsity Christian Fellowship en la Universidad de Georgetown. Jeremy estaba trabajando con un presupuesto muy ajustado y su ministerio en el recinto universitario necesitaba una computadora. Presentó la petición al final de nuestra reunión, y yo le dije que oraría por aquello, pero cuando comencé a orar, sentí que el Señor quería que dejara de hacerlo. Era como si el Espíritu Santo me dijera: «¿Por qué me lo preguntas a mí? ¡Tú eres el que tiene la computadora que te sobra!». Así que dejé de orar. Le dije a Jeremías que no necesitábamos orar acerca de aquel asunto, porque yo tenía una computadora extra que le podía dar.

Me pregunto cuántas de nuestras peticiones de oración se hallan dentro de nuestra posibilidad de responderlas. Sin embargo, le pedimos a Dios que haga lo que podríamos hacer nosotros mismos. Y después nos preguntamos por qué Dios no nos responde. Tal vez sea porque Dios no está dispuesto a hacer por nosotros lo que podemos hacer nosotros mismos. A Dios no lo honran las oraciones que se hallan dentro del ámbito de las posibilidades humanas; lo honramos cuando le pedimos que haga lo que es humanamente imposible. De esa forma, ¡es él quien recibe toda la gloria!

Hay algunas cosas por las que no necesitamos orar. No necesitamos orar en cuanto a amar a nuestro prójimo. No necesitamos orar para dar con generosidad o sacrificarnos para servir. No necesitamos orar para bendecir a alguien cuando está dentro de nuestras posibilidades hacerlo. No tenemos que orar para volver la otra mejilla o caminar la milla extra. Dios ya ha hablado acerca de esas cosas.

Así es como llega un momento en que orar se convierte en una forma espiritual de dejar las cosas para mañana. Entonces es hora de dejar de orar y comenzar a actuar.

Deja de orar acerca del programa y llena la solicitud. Deja de orar por el amigo al que heriste y llámalo. No te limites a quejártele a Dios acerca de tu compañero de trabajo; rodéalo con un círculo de oración. No te limites a orar por los misioneros; hazles un cheque.

Uno de mis héroes es Peter Marshall, quien fuera capellán del Senado de Estados Unidos. Sus oraciones de apertura en las sesiones del Senado son eternas. Peter Marshall creía en un enfoque de las Escrituras orientado a la acción.

Me pregunto qué sucedería si todos nos pusiéramos de acuerdo para leer uno de los evangelios, hasta que llegáramos a un lugar que nos dijera que hagamos algo, después saldríamos a hacerlo, y solo después de haberlo hecho... comenzar a leer de nuevo...

Hay aspectos del evangelio que son desconcertantes y difíciles de comprender. Sin embargo, nuestros problemas no se centran en las cosas que no comprendemos, sino más bien en las que entendemos; las que no nos sería posible comprender de manera errónea.

Al fin y al cabo, esto es solo una ilustración de la realidad de que nuestro problema no es tanto el que no sepamos lo que debemos hacer.

Lo sabemos perfectamente bien... pero no queremos hacerlo.

Te ruego que no malinterpretes lo que estoy diciendo. Ora por todo. Y después, vuelve a orar. Pero en algún punto, tenemos que dejar de orar para comenzar a actuar. Uno de los grandes errores que cometemos es pedirle a Dios que haga por nosotros lo que quiere que nosotros hagamos por él. Confundimos los papeles. Por ejemplo, tratamos de convencer de pecado a aquellos que nos rodean. Sin embargo, esa responsabilidad le pertenece al Espíritu Santo, no a nosotros. En ese mismo sentido, Dios no va a hacer por nosotros lo que nosotros podemos hacer por nosotros mismos. Muchos se quedan espiritualmente estancados, precisamente aquí. Se nos llama a orar por todo, pero llega un momento en el cual orar puede ser una forma de desobediencia, pereza o negligencia. No podemos limitarnos a orar como si todo dependiera de Dios; también debemos obrar como si dependiera de nosotros.

Un verbo activo

Cuando la palabra «cristianismo» se convierte en nombre, se anula. El cristianismo fue pensado desde siempre con las características de un verbo; de manera más concreta, un verbo activo. El título del libro de los Hechos lo dice todo, ¿no es cierto? No es el libro de las *Ideas*, ni de las *Palabras*. Es el libro de los *Hechos*. Y si habláramos menos e hiciéramos más, creo que causaríamos la misma clase de impacto que efectuó la iglesia del siglo primero. Y ahora que hablamos del tema, nos deberían conocer más por aquello *a favor* de lo cual estamos, que por aquello a lo cual *nos oponemos*.

La oración que no lleva a la acción no es una oración auténtica; hemos estado hablando con nosotros mismos. Cuando hablamos con Dios, él nos responde a nosotros. Nos provoca, nos despierta, nos mueve y nos impulsa. Cuando decimos «amén», la inacción deja de ser una opción.

Para mí siempre constituyen un desafío los miembros de nuestra congregación que dejan todo lo que conocen para irse a un campo misionero en otro lugar del mundo. Ellos son los verdaderos héroes del reino. Hace algunos años, Becky siguió la pasión que le había dado Dios, recorriendo medio mundo antes de llegar a una pequeña aldea de India. ¿Por qué? Porque no se podía limitar a orar por la injusticia que había presenciado; tenía que hacer algo al respecto.

Me fui a India para trabajar con las mujeres y los niños que los traficantes dedican a la esclavitud sexual. La mayoría de esas mujeres eran de Nepal y terminaban trabajando como prostitutas a la fuerza en los infames y peligrosos distritos de India. Sus hijos nacían literalmente en los burdeles y no conocían de la vida nada más que violencias, violaciones y hambre. Aunque no pudiera rescatar a aquellas mujeres de su situación, les podría ofrecer esperanza y fortaleza a las sobrevivientes y a sus hijos. Dirigía sesiones de terapia por medio de la danza, ayudando a reconectar a las sobrevivientes con su cuerpo, permitiendo que se vieran a sí mismas como hermosas criaturas de Dios.

La zona en la que estábamos trabajando era desastrosamente pobre y estaba infestada de malaria. Además, por ser una activista contraria al tráfico de seres humanos, corría peligro por parte de los traficantes y los dueños de los burdeles. Mis padres me suplicaban que me marchara, pero yo no me podía ir de allí. Podía ver a Dios en cada uno de sus hermosos ojos, inyectados de sangre y traumatizados, suplicándome que las tocara, que las consolara y, en fin de cuentas, que las amara.

Si los cristianos creemos que la imagen de Dios está en todas las personas, ¿por qué no actuamos? ¿Por qué apartamos nuestros ojos de los pobres, de las viudas, de los huérfanos y de las prostitutas?

Aunque la oración es necesaria, y ayuda a dar un consuelo, no es suficiente para aliviar de verdad el sufrimiento. Dios no envió a su Hijo para orar por nosotros, sino para actuar por nosotros. La única cosa que me incomoda más que la franca maldad, son las personas que permiten que sucedan injusticias con su falta de acción. Jesús transformó en acción el mensaje de Dios, por eso nuestra misión debería consistir en dedicar nuestra vida a una acción similar.

Cuando todo haya sido dicho y hecho, Dios no nos dirá: «Bien dicho, siervo bueno y fiel». No dirá: «Bien pensado», «Bien planificado», ni incluso «Bien orado». Solo nos va a elogiar de una manera: «Bien hecho, siervo bueno y fiel».

Dibuja el Círculo

No te limites a orar; haz algo al respecto.

Día 29

Una oración nueva

Canten al Señor un cántico nuevo.
SALMOS 96.1

El crecimiento espiritual es un enigma. La clave de ese crecimiento es el desarrollo de unas rutinas saludables y santas llamadas disciplinas espirituales. Sin embargo, una vez que las rutinas se vuelven rutinas, necesitamos cambiar la rutina. ¿Por qué? Porque las rutinas sagradas se convierten en ritos vacíos si las realizamos con la memoria del cerebro izquierdo y no con la imaginación del cerebro derecho.

Las rutinas son una parte necesaria e importante de la vida. La mayoría de nosotros practicamos un ritual mañanero en el que se incluyen cosas como ducharnos, cepillarnos los dientes y ponernos desodorante. Por el bien de tu familia y tus amigos, te ruego que sigas haciéndolas. Pero aquí está la situación problemática cuya solución es impedida por sus propias circunstancias: las buenas rutinas se convierten en malas si no cambiamos. Uno de los grandes peligros a los que nos enfrentamos en nuestra vida espiritual es aprender cómo hacer las cosas y olvidar por qué las hacemos. Llámalo familiarización. Llámalo adaptación. Llámalo conversión en rutina. Llámalo como quieras, pero cuando aprendemos el cómo y olvidamos el porqué, comenzamos a actuar de una forma mecánica en nuestra vida espiritual.

Hace algunos años me tropecé con un fascinante estudio según el cual, dejamos de pensar en la letra de las canciones después de haberlas cantado treinta veces. Seguramente el número variará un poco de una persona a otra, pero la tendencia es universal. Y tiene unas consecuencias profundas cuando se trata de la adoración. Si nos descuidamos, en realidad no estaremos adorando a Dios; solo estaremos diciendo las palabras sin pensarlas. De hecho, la letra puede llegar a impedir que le expresemos genuinamente a Dios nuestros propios pensamientos; nuestros propios sentimientos.

¿Te puedes imaginar un matrimonio en el cual la única expresión de amor es entregar tarjetas de Hallmark? Nunca se expresan el amor con sus propias palabras; se limitan a usar las palabras inventadas por otra persona. Así es como muchos de nosotros adoramos a Dios. Nunca vamos más allá de la letra que ha escrito otra persona. Sin la letra puesta en la pantalla, no tenemos nada que decir; nada que cantar.

El salmista nos dice seis veces que cantemos un cántico nuevo. Evidentemente, Dios se cansa de los cantos viejos. Él no quiere que lo adoremos solo con la memoria; quiere que lo adoremos también con la imaginación. El amor no es repetitivo, es creativo. Según va creciendo el amor, vamos necesitando nueva letra y nuevas melodías. Necesitamos un cántico nuevo para expresar las dimensiones nuevas de nuestro amor. Si le expresas tu amor a tu esposa de la misma forma una y otra vez, es posible que llegue el momento en que te deje de creer. ¿Por qué? Porque se trata de una expresión mecánica de un sentimiento ya viejo.

La oración hecha con el hemisferio cerebral derecho

La adoración con el hemisferio cerebral izquierdo no se halla a la altura. Lo mismo sucede con la oración hecha con el hemisferio izquierdo.

Jesús nos advierte: «Y al orar, no hablen sólo por hablar como hacen los gentiles, porque ellos se imaginan que serán escuchados por sus muchas palabras. No sean como ellos, porque su Padre sabe lo que ustedes necesitan antes de que se lo pidan».

Es fácil caer en una rutina de oración. Repetimos todos los clichés de oración que conocemos, seguidos por un amén. Así como necesitamos entonar un cántico nuevo, también necesitamos hacer una oración nueva. Necesitamos un nuevo vocabulario; una nueva metodología.

Tendemos a pensar y actuar a partir de esquemas. Nuestra tendencia a hacer las cosas de la manera en que siempre las hemos hecho recibe el nombre de prejuicio heurístico. Es un proceso cognoscitivo asombrosamente complejo, pero su resultado es la actuación mecánica. Hacemos las cosas sin pensar en ellas. Si nos descuidamos, estaremos orando sin pensarlo y eso es tan destructivo como pensar sin orar.

Hace algunos años, prediqué sobre la superación de nuestro prejuicio heurístico y alguien de nuestra congregación se sintió obligado a responder haciendo un experimento con la oración.

Después de tu sermón, decidí enfocarme en darle gracias a Dios por los milagros diarios que generalmente damos por seguros. Sabiendo que la lista de agradecimientos podría ser infinitamente larga, decidí centrarme solo en los milagros que estaba recibiendo en el momento en que estaba orando. Así que comencé a orar diciendo: «Gracias, Dios mío, por la respiración aeróbica. Gracias por los mitocondrios, que ahora mismo están creando trifosfato de adenosina. Gracias por el trifosfato de adenosina. Gracias por la glicosis. Gracias por el piruvato».

Como estudié biología, terminé con una gran cantidad de cosas en la lista. Ya cuando regresé a mi lugar en Arlington, le estaba dando gracias a Dios por cada uno de los aminoácidos: «Gracias, Dios mío, por la glicina. Gracias por la leucina y la isoleucina y el triptófano».

Le comencé a dar gracias a Dios por el hecho de que todos los organismos que forman aminoácidos tienen la misma quiralidad, de manera que mi cuerpo puede volver a usar los nutrientes y los bloques que forman las células de la comida que digiero. Me sentía absolutamente maravillado ante su creación.

Oré mientras daba una caminata al aire libre, dándole gracias por los huesos, los ligamentos y los tendones. También le di gracias porque por alguna razón, nunca estudié un curso de anatomía en la universidad, porque de haber sido así, me habría sentido movido a darle gracias por cada uno de mis huesos, mencionando su nombre, lo cual decididamente me habría retrasado más en mi intento por reconocer la mayoría de los milagros que estaba recibiendo en esos momentos.

¡Me pasé todo el día orando sin cesar! Literalmente, no paraba, y todo lo que hacía era seguir mencionando de manera consciente las cosas por las que estaba agradecido. Escuché música y le di gracias por la cóclea de mis oídos. Mientras preparaba la cena, le di gracias por el xilema que había en las plantas que estaba preparando. Me pasé una gran cantidad de tiempo dándole gracias por las propiedades moleculares del agua. Le di gracias por las bacterias que tengo en el colon, y que me ayudan

a digerir los alimentos. Le di gracias por la recombinación genética que hizo posible el desarrollo y el cultivo de las plantas de algodón para hacer los pantalones de mezclilla que llevaba puestos.

A eso de las nueve de la noche, me parece que Dios se sintió divertido ante lo inútil que era que yo le tratara de dar gracias por todo. Finalmente, el Espíritu me calló, diciéndome: «Ya puedes parar».

¡Esa sí que es una oración hecha con el hemisferio cerebral derecho! Dios no quiere que oremos de la misma forma. Oramos de acuerdo a nuestra personalidad. Así que una de las dimensiones de mi propia vida de oración es el humor. Nos echamos a reír en medio de la oración todo el tiempo, porque a mí se me ocurre un chiste. Sé que eso parece sacrílego, pero me encanta decir chistes. ¿Por qué habría de excluir a Dios? No me puedo imaginar una relación con alguien sin que el humor forme parte de nuestra relación al conversar. Sería francamente aburrida. No estoy seguro de que Dios se ría de todos mis chistes, pero él mismo es el que nos creó con sentido del humor.

La próxima vez que ores, prueba una posición nueva o un momento nuevo. Si lo típico en ti es expresar con palabras tus oraciones, intenta escribirlas. Si te arrodillas mientras oras, intenta orar mientras caminas. Haz algo diferente. Salte de tu rutina y ora al Señor con una oración nueva.

 Si quieres que Dios haga algo nuevo en tu vida, no puedes seguir haciendo las mismas cosas viejas de siempre.

Permanece en mí

«Si permanecen en mí...».
JUAN 15.7

En la cultura judía antigua, los estudios formales comenzaban a los seis años de edad. Los varones judíos se inscribían en la escuela de su sinagoga local, llamada *bet sefer* («casa del libro»). De acuerdo con la tradición, en el primer día de clases, el rabino cubría las pizarras con miel. La miel era el símbolo del favor de Dios. Luego les indicaría a los alumnos que lamieran la miel de sus pizarras, mientras recitaban esta parte del Salmo 119: «¡Cuán dulces son a mi paladar tus palabras! ¡Son más dulces que la miel a mi boca!». Aquella era su primera lección y la más importante de todas. Les enseñaba a los alumnos que no hay nada más dulce que la Palabra de Dios. Les enseñaba que la Biblia es la tierra de leche y miel, la verdadera Tierra Prometida. Cuatro años más tarde, cuando los alumnos se graduaban del *bet sefer,* se habían aprendido de memoria toda la Torá. Todas las jotas y tildes de Génesis, Éxodo, Levítico, Números y Deuteronomio habían quedado grabadas en su corteza cerebral por medio de la memorización.

Después de graduarse del *bet sefer,* los mejores alumnos seguían al *bet Talmud* («casa del aprendizaje»). Desde los diez hasta los catorce años, los alumnos memorizaban el resto de las Escrituras hebreas. Dicho sea de paso, pienso que es muy probable que Jesús asistiera al *bet Talmud.* Las Escrituras no lo mencionan de manera explícita, pero ya a los doce años de edad, Jesús dejó asombrados a los rabinos que estaban en los atrios del templo a causa de su comprensión de las Escrituras.

Después del *bet Talmud,* unos pocos escogidos pasaban al *bet midrash* («casa de estudio»). Por lo general, los que no llegaban a esa altura se dedicaban a los negocios de su familia. Los candidatos le preguntaban al rabino local si podían ser sus *talmidim* («discípulos»). Si el rabino los escogía, les hacía una invitación verbal: *Lej ajarai*. La traducción es: «Ven, sígueme». Inherente a esa invitación estaba el entendimiento de que significaba un sometimiento total, una dedicación absoluta. Significaba tomar sobre sí el yugo de aquel rabino. El yugo representaba la suma total de la filosofía y la práctica del rabino. Significaba pasar con él todos los momentos que estuvieran despiertos. Significaba ir dondequiera que él fuera, hacer todo lo que él hiciera y escuchar todo lo que él dijera.

Algunas veces se describe la entrega que significaba el discipulado como «quedar cubierto por el polvo de su rabino». Era una alusión al hecho de que los discípulos seguían tan de cerca a su rabino, que el polvo que el rabino levantaba con los talones cubría literalmente a los discípulos que lo seguían.

La Palabra de Dios

Una de las maneras más seguras de entrar a la presencia de Dios es meterse en su Palabra. Si nos introducimos en la Palabra de Dios, ella entrará en nosotros. Cambiará de manera radical nuestra manera de pensar, nuestra manera de vivir, nuestra manera de amar. Pero se necesita algo más profundo que una lectura informal. En realidad, la Biblia no fue hecha para leerla solamente. Fue hecha para memorizarla y meditar en ella. Es necesario que permanezcamos en la Palabra de Dios y que permitamos que la Palabra de Dios permanezca en nosotros.

Las palabras que se repiten a lo largo de las Escrituras, se vuelven a decir porque merecen que se las repita. Es la forma que tiene Dios de decirnos: «No dejes que esto te entre por un oído y te salga por el otro». Son palabras que requieren que les prestemos una atención especial. Una de ellas es el verbo *permanecer*, con sus diversas formas verbales, que se repite no menos de ocho veces en Juan 15. En el versículo 7, Juan escribe de Jesús: «Si permanecen en mí y mis palabras permanecen en ustedes, pidan lo que quieran, y se les concederá». Aquí el verbo permanecer se encuentra en el texto original en presente imperativo, lo cual indica una acción continua. No es algo que comencemos y después dejemos de hacer; es algo que hacemos durante todo el resto de nuestra vida. Y cada vez lo hacemos más. La meta consiste en acercarnos cada vez más a Dios. Y la forma de hacerlo es permaneciendo en su Palabra.

Según la tradición rabínica, cada una de las palabras de las Escrituras tiene setenta rostros y seiscientos mil significados. Cada una de ellas es caleidoscópica. Y el verbo *permanecer* es un excelente ejemplo. Démosle vuelta al caleidoscopio para revelar cinco reflejos de su significado.

Quedarse toda la noche. Así como Jesús, que oró hasta bien entrada la noche en la víspera de su crucifixión, a veces necesitamos permanecer en la presencia de Dios un poco más de tiempo. Y si nos mantenemos en su presencia, esa presencia suya se mantendrá en nosotros. Según mi propia experiencia, Dios responde a los esfuerzos extraordinarios con una bendición extraordinaria también. Los que pasan la mayor cantidad de tiempo en su presencia son los que él puede usar más, porque son las personas en las cuales puede confiar más.

Aferrarse. Cada vez que oramos, ganamos una posición en el ámbito espiritual. El reino de Dios avanza y las fuerzas de las tinieblas se ven obligadas a retroceder. Nuestra arma más eficaz es la Palabra de Dios. Es la misma que usó Jesús cuando lo tentó Satanás. Permanecer en la Palabra de Dios es la manera de apoderarnos del territorio enemigo y mantenernos firmes en él. Es nuestra mejor ofensiva y nuestra mejor defensiva.

Permanecer quietos. ¿Recuerdas cuando los israelitas se encontraron atrapados entre el Mar Rojo y el ejército egipcio? Moisés le dijo estas palabras al pueblo: «No tengan miedo. Mantengan sus posiciones, que hoy mismo serán testigos de la salvación que el Señor realizará en favor de ustedes». Cuando nos encontremos entre la espada y la pared, necesitamos mantenernos firmes en la Palabra de Dios y confiar en sus promesas. Vamos a enfrentarnos a algunos problemas que no podemos resolver; algunas situaciones que no podemos cambiar. Entonces es cuando tal vez empecemos a sentir pánico, pero es el momento de mantenernos en nuestra posición y esperar la liberación del Señor. A nadie le agrada hallarse en esas situaciones, pero muchas veces, Dios hace sus milagros más dramáticos, precisamente en momentos como esos.

Moverse. El profeta Hageo escribe: «El Señor inquietó [...] a Zorobabel». Cuando la Palabra de Dios entra en nuestro espíritu, que es nuestro seno espiritual, dentro de nosotros son concebidas nuevas pasiones. Y la inacción deja de ser una opción. No podemos permanecer en la Palabra de Dios sin sentirnos movidos a la acción. No nos podemos quedar sentados al borde del camino. Al igual que David, que corrió hasta el frente de la batalla, estaremos buscando gigantes que vencer.

Quedarse. Esto es precisamente lo que Jesús les dijo a sus discípulos que hicieran después de su ascensión. Así como ellos se quedaron durante diez días en el aposento alto, también nosotros debemos quedarnos en la Palabra de Dios. Tal vez las disciplinas de estudiar las Escrituras y dedicarnos a la oración no sean muy distintas. Una es la clave de la otra.

Estamos tan ocupados, tratando de hacer algo para Dios, que no nos damos cuenta de que la clave de nuestro éxito en toda empresa consiste en permitir que Dios haga algo por nosotros. No podemos hacer algo *para* Dios, si no estamos *con* Dios. Tenemos que abrirnos paso hasta su presencia. Y la manera más segura de entrar en la presencia de Dios es meterse en su Palabra.

A los reyes hebreos se les exigía que hicieran una copia personal de la ley, escrita de su puño y letra. La tenían que mantener encima dondequiera que fueran. Eso siempre me ha parecido fascinante. Es como obligar al presidente de una nación a escribir a mano una copia de la constitución para leerla todos los días. Entonces, ¿por qué les exigía Dios eso a los reyes? Me parece que sabía que los obligaría a internalizar la ley y a personalizarla. También servía como medicina preventiva.

> «Así [...] no se creerá superior a sus hermanos ni se apartará de la ley en el más mínimo detalle, y junto con su descendencia reinará por mucho tiempo sobre Israel».

No me parece que te haga falta escribir tu propia copia de las Escrituras, pero permíteme ofrecerte un consejo que te va a ayudar a personalizarlas. Dondequiera que te encuentres con el pronombre tú, sustitúyelo por tu nombre. Eso te ayudará a tomarte lo que lees de una manera más literal, más personal. También te recordará que tu vida es una traducción exclusivamente tuya de las Escrituras. Si a otras personas les agrada lo que leen en tu vida, ¡es posible que quieran leer el Libro que inspiró tu traducción!

Dibuja el Círculo

Leer sin meditar es como comer sin digerir.

Dilo con todas las palabras

«¿Qué quieren que haga por ustedes?».
MATEO 20.32

Más de mil años después del milagro original de Jericó, se produjo otro portento en ese mismo lugar. Jesús iba saliendo de la ciudad, cuando dos ciegos le gritaron: «¡Señor, Hijo de David, ten compasión de nosotros!». Los discípulos vieron aquello como una incómoda interrupción pero, por lo general, las citas divinas llegan disfrazadas. Ellos habrían pasado de largo frente a ese «milagro en espera de producirse». Tenían que ir a ciertos lugares y hacer algunas cosas. Sin embargo, Jesús se detuvo. Entonces les hizo a los dos hombres una pregunta cargada de sentido: «¿Qué quieren que haga por ustedes?».

¿Acaso es necesaria esa pregunta? Están ciegos. ¿No es obvio lo que quieren? Sin embargo, Jesús los forzó a definir con exactitud lo que querían de él. Los hizo expresarlo con sus palabras. Les hizo decir exactamente lo que querían que él hiciera, pero no era porque él no supiera lo que querían, sino porque se quería asegurar de que ellos mismos supieran lo que querían.

¿Qué pasaría si Jesús te hiciera la misma pregunta: *«¿Qué quieres que haga por ti?»*? ¿Serías capaz de presentar con lujo de detalles las promesas, los milagros y los sueños que Dios te ha puesto en el corazón? Me temo que muchos nos encontraríamos faltos de palabras. Nosotros no tenemos idea de lo que queremos que Dios haga por nosotros, sin embargo nos preguntamos por qué parece que Dios no estuviera haciendo nada a nuestro favor. Por supuesto, lo más irónico de todo es que si no podemos responder esa pregunta, estamos tan ciegos espiritualmente, como lo estaban aquellos hombres físicamente. La mayoría de nosotros no conseguimos lo que queremos, sencillamente porque no sabemos lo que queremos.

Nunca hemos hecho una lista con las metas para nuestra vida. Nunca hemos definido lo que es el éxito para nosotros mismos. Nunca hemos trazado un círculo alrededor de ninguna de las promesas de Dios. Y hemos olvidado la mayor parte de las oraciones que hemos hecho, incluso antes que reciban una respuesta.

Si la fe consiste en estar seguros de lo que esperamos, entonces no estar seguros de lo que esperamos es lo totalmente opuesto a la fe, ¿no es cierto?

Oraciones bien definidas

Hace algunos años, leí unas palabras que afectaron radicalmente mi manera de orar: «Dios no responde oraciones imprecisas». Inmediatamente sentí convicción, por lo imprecisas que eran las mías. Algunas eran tan imprecisas, que no había manera de saber si Dios las habría respondido o no. Para ser sincero, subconscientemente estaba protegiendo mis peticiones. Mi falta de fe no me permitía arriesgarme para presentarle con claridad mi verdadera petición. Y como tenía miedo de que Dios no me fuera a responder, ¡ni siquiera le daba una oportunidad para hacerlo!

Mientras más fe tengamos, más específicas van a ser nuestras oraciones. Y mientras más específicas sean nuestras oraciones, más gloria recibirá Dios. En cambio, si nuestras oraciones no son específicas, le estaremos robando a Dios la gloria que se merece, porque estaremos tratando de adivinar si las ha respondido, o no. Nunca sabremos si las respuestas fueron consecuencia de unas oraciones específicas, o simples coincidencias generales que habrían sucedido de todas maneras. Las oraciones bien definidas le dan a Dios una oportunidad para exhibir su poder de una manera nueva. La fe bien desarrollada tiene por consecuencia oraciones bien definidas, las que a su vez obtienen respuestas bien definidas.

Hace cerca de dos décadas, Sergei y Aleona Isakov creyeron en Jesús, gracias a la influencia de unos misioneros estadounidenses que estaban trabajando en Rusia. Aleona convirtió su profesión de diseñadora de modas en su púlpito. Ha compartido su testimonio con millones de personas por medio de entrevistas televisadas y de exhibiciones de modas en vivo en Rusia, Israel, Inglaterra y Australia. Hace algunos años, Sergei y Aleona se sintieron llamados a devolver literalmente el favor, y mudarse al D. C. como misioneros rusos en Estados Unidos. Así es como vinieron a parar a la congregación National Community Church. En palabras de la propia Aleona: «Nosotros creemos que se acerca un avivamiento en Estados Unidos y queremos participar en él».

Durante nuestro reto de oración, Aleona presentó detalladamente seis milagros. Su naturaleza específica me desafió y me inspiró a la vez. Primeramente, oró para que Dios le diera una plataforma en el Desayuno Nacional de Oración, donde poder compartir sus últimas modas. Dios respondió a esa oración con una invitación para hablarles a un centenar de huéspedes en esa actividad, y entonces uno de aquellos huéspedes la invitó a hablar en una conferencia en Noruega. En segundo lugar, oraron pidiendo que les aprobaran sus visas EB-1, pero Dios les dio algo mejor, al proporcionarles la residencia permanente, lo cual permitió que Aleona trajera toda su colección de modas a Estados Unidos. En tercer lugar, oró para que Dios le sanara a su esposo una tos que tenía desde hacía seis meses. ¡Ya no le hicieron falta más pastillas para la tos! En cuarto lugar, oró para que su hija y su yerno consiguieran visas para entrar en Estados Unidos. A las dos semanas, ya las tenían. En quinto lugar, oró para que Dios le enviara un nuevo fotógrafo de modas que amara a Jesús. Lo que ella no se esperaba es que aquel fotógrafo asombrosamente talentoso tomara las fotos gratuitamente. Y por último, aunque no sea lo menos importante, Aleona pidió en sus oraciones un buen trabajo para su esposo. Sergei comenzó su trabajo como ingeniero en tecnología informática en la revista *National Geographic* dos días después de terminado el reto de oración.

Con demasiada frecuencia le robamos a Dios la oportunidad de responder nuestras oraciones, por lo imprecisas que son. Que no te preocupe *cuándo* las va a responder, ni *cómo* las va a responder. Eso no es responsabilidad nuestra. Nuestra responsabilidad consiste sencillamente en discernir lo que Dios quiere, y después pedírselo humilde, pero valerosamente. Y Dios irá añadiendo unas cuantas sorpresas santas a lo largo del camino, porque es posible que entienda la respuesta de una manera diferente a como nosotros entendimos la petición.

La escalera del éxito

Jesús nos sigue haciendo la misma pregunta: «*¿Qué quieres que haga por ti?*». Y como los dos ciegos que estaban en las afueras de Jericó, aún seguimos necesitando un encuentro con el Hijo de Dios. Necesitamos una respuesta a la pregunta. Necesitamos identificar nuestra Jericó, la promesa alrededor de la cual estamos trazando nuestro círculo.

¿Alrededor de cuál promesa estás orando? ¿Alrededor de cual milagro estás caminando? ¿Cuál es el sueño alrededor del cual gira tu vida?

¿Cuál es tu Jericó?

Jericó se deletrea de muchas maneras diferentes. Si un ser amado tiene cáncer, se deletrea como *sanidad*. Si tu mejor amigo está lejos de Dios, se deletrea *salvación*. Si tu familia se está destruyendo, se deletrea *reconciliación*. Si tienes un sueño que va más allá de tus posibilidades económicas, se deletrea *provisión*. Pero sea lo que sea, lo tienes que deletrear claramente.

Es tan fácil mantenernos ocupados subiendo la escalera del éxito, que olvidamos que no está apoyada en el muro de Jericó. Las prioridades eternas son eclipsadas por nuestras responsabilidades cotidianas, al punto que empeñamos el sueño que nos ha dado Dios, a cambio del sueño americano. Así, en lugar de dar vueltas alrededor de Jericó, terminamos vagando por el desierto.

¿Cuál es tu Jericó?

Si no puedes responder esta pregunta, deja de leer. Entra a la presencia de Dios y busca una respuesta. Como es obvio, la respuesta a esta pregunta va cambiando con el tiempo. Necesitamos diferentes milagros en las diversas temporadas de nuestra vida. En cada etapa, perseguimos sueños diferentes. Y reclamamos otras promesas en situaciones distintas. Es un blanco móvil, pero tenemos que comenzar en algún punto.

¿Por qué no comenzar aquí, ahora mismo?

Define tu sueño. Reclama tu promesa. Deletrea con claridad tu milagro.

 Dibuja el Círculo

La mayoría no conseguimos lo que queremos porque no sabemos qué es lo que queremos.

Día 32

Consigue un testimonio

«Y por el mensaje del cual dieron testimonio...».
APOCALIPSIS 12.11

Desde el lanzamiento de *El hacedor de círculos*, me he convertido en un experto en testimonios de oración. Casi no pasa un día sin que escuche un relato que me dé ganas de llorar o de ponerme a aplaudir a Dios. Esos testimonios han prendido un fuego bajo mi fe, que no se parece a nada de lo que experimenté antes. He aquí por qué: *si Dios lo hizo por ellos, existe la posibilidad de que también lo haga por mí.* Tal vez esa sea la razón por la cual en Apocalipsis 12.11 se le da gran importancia a la labor de difundir los testimonios. Y tal vez por eso el enemigo quiere que guardemos silencio con respecto a nuestros testimonios.

«Ellos lo han vencido
por medio de la sangre del Cordero
y por el mensaje del cual dieron testimonio».

Cuando Dios responde una oración, por grande o pequeña que sea, necesitamos darlo a conocer. Es una cuestión de mayordomía. Si no convertimos en alabanza la respuesta a nuestra oración, muy bien se podría convertir en orgullo. Testificar es la manera en que le damos a Dios toda la gloria. Pero también necesitamos comunicar lo sucedido, porque los demás necesitan escucharlo. Si no compartimos nuestros testimonios en cuanto a la forma en que Dios está obrando en nuestra vida, los demás se sentirán tentados a pensar que no está obrando en absoluto.

Jesús triunfó sobre el enemigo por medio de la sangre que derramó en la cruz del Calvario. Rompió la maldición del pecado, para que nosotros podamos romper el ciclo pecaminoso. Pero la forma en que sellamos la victoria es por medio de nuestro testimonio. Ese testimonio no nos recuerda solamente que ya hemos triunfado; también le recuerda al enemigo que él ya fue derrotado.

Me pregunto si la falta de asombro reverente que hay en muchas iglesias no será directamente atribuible al arte perdido del testimonio. Las iglesias donde la gente es radicalmente salva, suelen ser las que permiten que las personas radicalmente salvas compartan su testimonio. ¿Tiene algo de raro el que aquello que se celebra también se copia? Por ejemplo, cuando se comparte un testimonio de sanidad, a los que lo escuchan se les está infundiendo la fe necesaria para creer que Dios también puede hacer sanidades en sus propias vidas. ¡Esos testimonios son al mismo tiempo profecías!

Cuando damos a conocer un testimonio, les estamos prestando nuestra fe a los demás. Cuando escuchamos un testimonio, estamos tomando prestada la fe de los demás. En ambas situaciones, la iglesia es edificada y Dios es glorificado.

Los rumores

En los mundos de la ley criminal y de la investigación académica, vemos una gran diferencia entre el testimonio directo de una persona y el testimonio indirecto de otra.

El testimonio directo es más digno de crédito, porque la persona ha visto lo sucedido con sus propios ojos. El testimonio indirecto solo es un rumor. Eso no quiere decir que no sea cierto; solo significa que no tiene tanto peso.

En parte, un testimonio es poderoso porque no podemos alegar nada ante él. Es irrefutable e innegable. El testimonio personal es nuestra arma secreta, por eso el enemigo quiere que nos lo guardemos en secreto. No es testimonio si no lo compartimos con otras personas. Si no difundimos nuestros testimonios, le estamos robando a Dios la gloria que se merece. Y no solo le estamos escamoteando algo a Dios; se lo estamos escamoteando también a aquellos que necesitan escucharlo.

Nuestras iglesias están repletas de simples rumores. Lo que necesitamos es testigos con testimonios directos. No hay nivel de estudios alguno que pueda compensar la falta de una experiencia directa. En el seminario no adquirimos un testimonio; lo adquirimos por medio de las pruebas. Y si pasamos esas pruebas, entonces tendremos un testimonio. Ese testimonio vale muchísimo más que cualquier título que el seminario nos pueda otorgar. Y esa experiencia directa con Dios supera todas nuestras incompetencias. A Pedro y a Juan se los describió como «gente sin estudios ni preparación». Sin embargo, el concilio judío se quedó asombrado ante su valentía. Todo lo que dice el texto es que «quedaron asombrados y reconocieron que habían estado con Jesús».

No hay nada que se pueda comparar con el poder del testimonio directo. ¡Ni siquiera el testimonio indirecto más culto y erudito se puede comparar con uno directo! Así que adelante, estudia. Estudia para presentarte a Dios como alguien que ha sido aprobado. Pero por favor, no te quedes con los estudios solamente; ¡necesitas un testimonio! No cambiamos el mundo haciendo estudios de doctorado, ni para conseguir un título. Si queremos cambiar el mundo, debemos pasar una gran cantidad de tiempo con Jesús.

¿Recuerdas la mujer samaritana que fue transformada por completo gracias a un solo encuentro con Jesús en el pozo? Enseguida regresó a su pueblo para compartir su testimonio. Ese testimonio despertó la fe de aquellos que lo oyeron, pero era una fe de segunda mano. Necesitaban tener su propio encuentro con Jesús y eso fue exactamente lo que recibieron. La transición de la fe de segunda mano a la fe directa se evidencia en las palabras de ellos: «Ya no creemos sólo por lo que tú dijiste; ahora lo hemos oído nosotros mismos».

No podemos vivir para siempre a costa de la experiencia de otra persona. La fe indirecta es tan peligrosa como lo que les sucede a los fumadores de segunda. Necesitamos una fe que tenga nuestro propio nombre escrito en ella. Necesitamos poseerla y es necesario que ella nos posea a nosotros. No nos podemos limitar solamente a saber *lo que* creemos; necesitamos saber *por qué* creemos lo que creemos. Y eso lo debemos ir subiendo de categoría continuamente.

No te sientas satisfecho solo con ir a la iglesia; entra en la presencia de Dios.

No te sientas satisfecho con los rumores; busca tú mismo una palabra del Señor.

No te sientas satisfecho con una fe de segunda mano: ¡busca tu propio testimonio!

Las oraciones locas

Uno de mis amigos pastores, que es un héroe de la comunidad, es Mike Minter. Mike es el fundador de la iglesia Reston Bible, donde ha pastoreado por cerca de cuatro décadas. Un día, mientras tomábamos café, Mike me habló de un misionero amigo suyo llamado Jamie Winship, cuyo campo es el mundo musulmán. Jamie viaja a Bagdad con frecuencia. Se conoce el Corán desde el principio hasta el fin, hasta al revés. Y ha guiado a un número incontable de imanes a la fe en Jesucristo.

Jamie es uno de esos personajes que hacen oraciones locas y después suceden cosas también locas. Le salen citas divinas a derecha e izquierda. Se pone a orar por un imán en particular, y resulta que ese imán está en el mismo avión y va al mismo lugar, o está en el mismo restaurante, en la mesa que se halla detrás de la suya.

Una mañana, Mike tenía una cita con Jamie para desayunar, así que oró diciendo: «Señor, estoy cansado de oír historias solamente; quiero ver una. Haz algo soberano que sea inconfundible». Cuando se pusieron en la fila para pedir su comida, Mike notó que la mujer que iba delante de ellos llevaba el tradicional *hiyab* musulmán, con la cabeza cubierta. Todo lo que podían ver eran los ojos de aquella mujer. Jamie la saludó en árabe, lo cual captó su atención. Entonces le dijo: «Yo la conozco a usted». Aunque solo le podía ver los ojos, le dijo: «La oí hablar en la Universidad de Georgia hace un año», a lo cual ella respondió: «Y yo lo recuerdo a usted. Estaba sentado en la primera fila».

Aquella dama no solo era una de las mujeres musulmanas más influyentes en el mundo, sino que Jamie había estado orando por ella, pronunciando su nombre, pero no sabía cómo comunicarse con ella. Sucedió que había llegado de fuera al D. C., y evidentemente, Dios sabía que a los dos les gustaba el Pan Panera. Como resultado de aquella reunión, la mujer hizo contacto con un grupo de imanes importantes, que se reunieron con Mike y Jamie para dialogar acerca de la fe.

Creo que la oración de Jamie, y la de Mike, que quería que sucediera algo soberano, se unieron en la Panera.

¡Eso sí es una cita divina de proporciones bíblicas! Y revela el poder de la oración de dos personas. Nunca sabemos cuándo nuestra oración se va a unir a la de otra persona para producir un milagro. Sin embargo, eso fue lo que sucedió con Mike y Jamie. Las oraciones de ellos dos se unieron para dar por consecuencia una sincronización sobrenatural. Me puedes llamar simplón si quieres, pero yo creo que Dios sigue sentado en su trono. Y si es él quien está ordenando mis pasos, y yo creo que lo está haciendo, entonces se va a asegurar de que yo vaya donde necesite ir, y me encuentre con quienquiera que necesite conocer.

Espero que este testimonio sobre la soberanía de Dios te dé ánimo, pero también lleva el propósito de ser una exhortación. Mike no estaba satisfecho con limitarse a escuchar una historia de otra persona. Para él, la fe de segunda mano no era suficiente. Llegará un momento en que tú también, como Mike, te vas a cansar de escuchar las historias de otras personas. Necesitas tu propia historia. Tiene que tener puesto tu nombre. Es necesario que la veas, la oigas, la saborees, la sientas, la toques y la huelas por ti mismo. ¡Necesitas ir en busca de un testimonio! Y después, cuando lo tengas, debes compartirlo.

Dibuja el Círculo

La mayoría de nosotros hemos estudiado mucho más allá del límite de nuestra obediencia.

La cobertura de oración

*Aarón y Jur le sostuvieron los brazos, uno
el izquierdo y otro el derecho.*
ÉXODO 17.12

Durante la primera década de mi pastorado en el D. C., me sentía con mucha frecuencia como el Llanero Solitario. Estaba haciendo lo mío y a mi manera. Estaba tan ocupado tratando de levantar nuestra iglesia, que renuncié a unas posibles amistades con otros pastores locales. Un día, el Señor me convenció de que era más fácil orar por una iglesia que se hallaba a cuatro estados de distancia, que por una que se hallaba a cuatro calles de la mía. Así que comencé a orar por las iglesias del lugar. Comenzamos a invertir en la fundación de iglesias locales y empecé a invitar a los pastores de la zona para que compartieran su historia y lo que tenían en su corazón con nuestro equipo durante las devociones de nuestro personal. Muchas de aquellas reuniones del personal se convirtieron en reuniones de oración. Inevitablemente, terminábamos de rodillas, intercediendo los unos por los otros. Cada vez que un pastor dirigía el devocional, sentía que se debilitaba más la fortaleza del territorialismo.

Yo creo firmemente que necesitamos muchas clases distintas de iglesias, porque hay muchas clases diferentes de personas. Siempre que una iglesia esté predicando el evangelio, se trata de todos para uno y uno para todos. Tendremos nombres diferentes en la puerta de entrada, pero hay una sola iglesia y un solo Pastor de esa iglesia. De manera que estoy orando para que se derrame un avivamiento en la capital de nuestra nación, pero no tiene que comenzar por la congregación National Community Church. Todo lo que quiero es participar de él.

En estos últimos años, Dios nos ha bendecido con algunos pastores amigos que son estupendos. Lora ha cultivado amistades con cuatro esposas de pastores: Donna, Heather, Jill y Taryn. Y yo he establecido amistad con un puñado de pastores a los cuales he llegado a amar y respetar como hermanos y padres en la fe. Hasta los ministros necesitan pastores, y el Señor me ha bendecido con un Aarón y un Jur.

Bob Mathieu y Michael Hall han pastoreado en el D. C. casi tanto tiempo como el que tengo yo de vida. Sin que yo supiera, ellos pactaron rodearme con un círculo de oración todos los días. Es difícil describir lo que significa saber que hay dos pastores de más de setenta años orando por mí todos los días, pero siento que sus oraciones son las que me sostienen los brazos.

Parte de lo que hace que estén tan cargadas de significado esas amistades recién halladas, es que son la respuesta a una oración que yo ni siquiera sabía que estaban haciendo. Un miembro de mi círculo de oración me reveló hace poco, que ellos habían estado orando de manera específica para que Dios trajera estratégicamente a otros pastores de más edad a mi vida. Durante estos últimos años, él ha respondido esas oraciones. Las respuestas se llaman: Michael, Bob, Amos, Mike, Stuart, Dennis y Glenn, solo por nombrar unos pocos.

Aarón y Jur

Si vamos a interceder por otros, más nos vale que nos aseguremos de que hay también otros que están intercediendo por nosotros. Necesitamos una cobertura de oración, sobre todo cuando entramos a una temporada intensa de oración y ayuno. Cuando caemos de rodillas, nos estamos buscando un pleito con el enemigo. Y el enemigo nos contraataca. No te equivoques. Llevamos una diana pintada en la espalda. El enemigo nos quiere eliminar, pero no nos puede tocar. Él no tiene jurisdicción en nuestra vida, si nosotros estamos cubiertos por la sangre de Jesús, pero también necesitamos cobertura en oración.

La intercesión es una guerra espiritual. No es para los débiles ni los flojos. Por definición, orar intensamente es algo duro. Habrá momentos en que se nos estará quebrantando el corazón, a causa de una carga de oración. Habrá temporadas en las cuales los dolores de parto se volverán intensos, porque el Espíritu Santo está haciendo nacer algo nuevo en nosotros. Y habrá momentos en los cuales sentiremos que el enemigo está lanzando un ataque frontal contra nuestra familia, nuestro negocio o nuestra iglesia. Entonces es cuando necesitamos permanecer de rodillas y orar sin desmayar.

La guerra espiritual puede ser temible y solitaria, pero siempre me he sentido extrañamente alentado cuando he encontrado un aumento en la oposición o la opresión espiritual. Eso significa que estoy haciendo algo bien hecho. Significa que estoy encolerizando al enemigo. Significa que me estoy abriendo camino poco a poco. Y precisamente cuando la pelea se vuelve más feroz, sé que Dios se está preparando para ir a pelear por mí.

En Éxodo 17 hallamos una descripción, golpe a golpe, de una antigua batalla entre los israelitas y los amalecitas. Mientras Moisés mantenía los brazos en alto, los israelitas ganaban terreno. Pero cuando él se cansaba y bajaba los brazos, los israelitas perdían terreno. Entonces fue cuando Aarón y Jur se pusieron de pie junto a Moisés y le levantaron los brazos hasta la puesta del sol.

Las batallas espirituales se pelean de esa misma manera. La victoria se gana doblando las rodillas en oración y levantando las manos en adoración a Dios. No hay otra manera de derrotar al enemigo. No se ha ganado ninguna victoria sin la oración y la alabanza.

Tendremos momentos en los cuales nos faltarán la capacidad, las fuerzas, la voluntad o la fe para orar por nosotros mismos. Entonces es cuando necesitaremos un compañero de oración o un círculo de oración que nos sostenga en alto los brazos, tal como lo hicieron Aarón y Jur con Moisés. Me siento muy agradecido por mi círculo personal de oración. Hay una gran cantidad de personas que oran por mi familia, pero yo tengo un círculo íntimo que ora de una manera algo más específica, constante e intensa. Sé que todos los días se ponen de rodillas para interceder por mí. Tal vez se me atribuya injustamente el mérito por las cosas que yo he hecho, porque ellos son los que me han ayudado.

Las notas

El día después de la derrota de los amalecitas por los israelitas, estoy seguro de que Moisés salió en los titulares de los periódicos. Pero en la grandiosa trama de la historia de Dios, hay una nota detrás de cada titular. Esa nota es la oración. Y los verdaderos héroes del reino son los Aarón y los Jur.

En palabras de Walter Wink: «La historia les pertenece a los intercesores».

Charles Finney fue el evangelista más famoso de su generación. Fue mencionado en los titulares de los periódicos durante el Segundo Gran Avivamiento, pero su historia tiene una nota. Finney tenía un «Aarón» llamado Daniel Nash. A sus cuarenta y ocho años, «Father» Nash renunció a su pastorado para dedicarse a la intercesión a tiempo completo. Varias semanas antes que Finney visitara una ciudad, «Father» Nash alquilaba una habitación, reclutaba dos o tres intercesores y comenzaba a poner los cimientos de oración para el avivamiento que se produciría. Cuando Finney se presentaba, el trabajo duro ya estaba hecho. La victoria ya había quedado asegurada en el ámbito espiritual.

Durante uno de sus avivamientos, se comunicó con Finney una señora que tenía una casa de huéspedes en la ciudad. Le preguntó: «Hermano Finney, ¿conoce usted a un tal "Father" Nash? Él y dos hombres más han estado en mi casa de huéspedes durante estos tres últimos días, pero no han comido absolutamente nada. Yo abrí la puerta para observarlos, porque pude oír que estaban gimiendo, y los vi postrados sobre sus rostros. Habían estado así durante tres días, postrados en el suelo y gimiendo. Yo pensaba que les había pasado algo terrible. Tenía miedo de entrar al cuarto, y no sabía qué hacer. Por favor, ¿podría usted venir a ver qué les sucede?». Finney le contestó: «No; no es necesario. Todo lo que sucede es que tienen un espíritu de parto en oración».

Cuando comenzaban las reuniones públicas, era raro que asistiera a ellas «Father» Nash. Se quedaba en su cuarto de oración, suplicándole a Dios que derramara el poder de convicción del Espíritu Santo sobre aquella multitud y les derritiera el corazón.

Poco antes de su muerte en 1831, «Father» Nash escribió estas palabras en su diario.

Ahora estoy convencido; es mi deber y privilegio, y el deber de todos los demás cristianos, orar para que descienda tanto el Espíritu Santo hoy como en el día de Pentecostés, y mucho más... Solo he comenzado a comprender lo que quería decir Jesús con estas palabras: «Si ustedes creen, recibirán todo lo que pidan en oración».

«Father» Nash está enterrado en un pequeño cementerio cercano a la frontera entre Nueva York y Canadá. En la lápida de su tumba aparece el siguiente epitafio:

DANIEL NASH
OBRERO JUNTO CON FINNEY
PODEROSO EN ORACIÓN
17 DE NOVIEMBRE DE 1775 A 20 DE DICIEMBRE DE 1831

La oración es la pluma con la que se escribe la historia. No te preocupes por salir en los titulares; céntrate en las notas. Si te enfocas en las notas, Dios va a escribir los titulares.

Dibuja el Círculo

Si intercedes por otros, asegúrate de que haya otros que estén intercediendo por ti.

Levanta un remanente

Una vez más los sobrevivientes de la tribu de
Judá echarán raíces abajo, y arriba darán fruto.

2 REYES 19.30

En el siglo dieciocho, el Conde Nikolaus Ludwig von Zinzendorf formó una santa alianza llamada «La Orden de la Semilla de Mostaza». Los miembros usaban un anillo en el que estaba inscrito el lema: «Ninguno viva para sí mismo». Se comprometían solemnemente a ser fieles a Cristo, ser bondadosos con las demás personas y llevar el evangelio a las naciones. En esa orden secreta se hallaban personajes tan notables como el rey de Dinamarca, el Arzobispo anglicano de Canterbury, el Secretario de Estado de Escocia y Tomochichi, el jefe de la tribu india de los indios creek, quien tenía ya ochenta y siete años de edad.

En la noche anterior a la formación de la orden, Zinzendorf convocó a sus amigos para orar. Mantuvo en alto el anillo y dijo: «Hermanos, sabemos por qué estamos aquí. Mañana haremos nuestro pacto, pero esta noche, oremos». El propio Zinzendorf se pasó toda la noche en oración. A la mañana siguiente, prometieron usar todos sus dones, todas sus riquezas y todas sus influencias para la conversión de los paganos. Entonces Zinzendorf les fue imponiendo manos uno a uno a todos los miembros de la orden, y oró personalmente por cada uno de ellos. La ceremonia duró unos pocos minutos, pero el pacto duró toda una vida.

Lo que comenzó aquel día culminó en el Pentecostés Moravo de Herrnhut, en 1727. El 27 de agosto de ese año, un pequeño remanente de veinticuatro hermanos y veinticuatro hermanas comenzó a orar las veinticuatro horas del día. El Espíritu Santo visitó aquella reunión de oración de una manera parecida a lo que hizo con los ciento veinte que oraban en el aposento alto el día de Pentecostés. ¡Así comenzaron unas intercesiones por horas que no se detuvieron durante cien años! Hasta los niños del poblado formaban círculos de oración. Y el eco de esas oraciones fue reverberando por el mundo entero en uno de los mayores movimientos misioneros que la iglesia haya conocido jamás. Miles de misioneros fueron llamados y enviados. Algunos de ellos hasta se vendieron como esclavos con el fin de llegar a su campo misionero.

Una reforma

En las encrucijadas críticas de la historia, Dios levanta un remanente para restablecer su reinado y su gobierno. Raras veces se trata de una mayoría. De hecho, casi siempre se trata de una pequeña minoría. Pero todo lo que hace falta es que haya unos pocos que sean fieles, para comenzar una reforma.

Lo que la desencadena no es ningún nuevo descubrimiento. Las reformas nacen del redescubrimiento de algo antiguo, algo sencillo, algo verdadero. Por ejemplo, en los días del sumo sacerdote Jilquías, fue el redescubrimiento del libro de la ley lo que comenzó un avivamiento en toda la nación. Ese redescubrimiento solo puso de rodillas a una nación.

Cada generación necesita una reforma. Cada generación necesita echar abajo sus ídolos y reconstruir sus templos. Cada generación necesita arrepentirse de sus pecados y redescubrir las verdades antiguas.

Durante nuestro reto de cuarenta días en la congregación National Community Church, sentimos que necesitábamos trazar un círculo alrededor de una promesa en esos cuarenta días.

> «Si mi pueblo, que lleva mi nombre, se humilla y ora, y me busca y abandona su mala conducta, yo lo escucharé desde el cielo, perdonaré su pecado y restauraré su tierra».

Si nosotros trazamos un círculo alrededor de las promesas de Dios, él las cumplirá. No es cuestión de *si* lo va a hacer; solo es cuestión de *cuándo* lo va a hacer. Pero si estamos decididos a orar todo el tiempo que sea necesario, el avivamiento llegará. Es algo tan predecible como que el sol sale por el este todas las mañanas. Es tan inevitable como que el sol se pone por el oeste todas las tardes.

En palabras de Charles Finney: «Dios es un avivamiento reprimido». ¡Y todo lo que se necesita es que se levante un remanente!

Como manera de recordar la promesa, nuestra iglesia se comenzó a reunir a las 7:14 a.m. para orar unida. Cuando el reloj llegaba a las 7:14, nosotros caíamos de rodillas. Aquello se convirtió en algo tan instintivo como el hambre. Si no nos arrodillábamos, nos sentíamos como si nos hubiéramos saltado una comida.

Fue en el Día Nacional de Oración, a las 7:14 a.m., cuando sentí que el Espíritu de Dios me daba una palabra: *yo estoy levantando un remanente*. Para serte sincero, aquella mañana en particular me sentía un poco desanimado porque no teníamos más gente en nuestra reunión de oración. Al fin y al cabo, era el Día Nacional de Oración. Pero fue entonces cuando Dios me recordó que todo lo que hace falta es un remanente. Me dejé de preocupar en cuanto a quién había llegado y quién no. ¡Comencé a centrarme en la promesa de un potencial multiplicado cuando solo dos o tres oran en su nombre!

Yo creo que dentro de cada iglesia, dentro de cada ciudad, hay un remanente. Ya es hora de levantarnos. Ya es hora de que haya una reforma. El próximo gran avivamiento no va a ser resultado de una reunión de planificación. Así como sucedió en Pentecostés, ahora también va a nacer en una reunión de oración.

Desde el Día Nacional de Oración, he estado trazando círculos alrededor de 2 Reyes 19.30. Considero que es una promesa para nuestra generación; para todas las generaciones.

«Una vez más los sobrevivientes de la tribu de Judá echarán raíces abajo, y arriba darán fruto».

¡Arriba daremos fruto! El cielo estará poblado a causa de nuestras oraciones. Pero la raíz del avivamiento es la oración. Tenemos que meternos en la presencia de Dios como nunca antes. Como los miembros de la Orden de la Semilla de Mostaza, debemos pactar entre nosotros que buscaremos a Dios con todo nuestro corazón y toda nuestra alma.

Una orden de desahucio

En la década de los cincuenta, Argentina era un desierto espiritual. Según el doctor Edward Miller, misionero que pasó cuatro décadas allí, solo había seiscientos creyentes llenos del Espíritu en toda la nación. En su libro *Llora por mí, Argentina*, describe el principio de un avivamiento que comenzó en Argentina y se esparció por toda Suramérica.

Comenzó con cincuenta estudiantes del Instituto Bíblico Argentino que desarrollaron una intensa carga de oración por su nación. Miller dice que nunca había visto a nadie llorar tan fuerte ni orar por tan largo tiempo. Día tras día, lloraban y oraban. Después de horas de intercesión, los estudiantes estaban literalmente de pie sobre su propio charco de lágrimas.

A los cincuenta días de intercesión durante las veinticuatro horas del día, hubo una palabra profética: «No lloren más, porque el León de la tribu de Judá ha prevalecido sobre el príncipe de Argentina». Año y medio más tarde, centenares de miles de argentinos iban en masa a las cruzadas en los estadios de fútbol. Los estadios más grandes, donde había asientos para ciento ochenta mil personas, no eran lo suficientemente grandes para recibir a las multitudes.

El doctor Miller llegó a esta conclusión:

Si Dios puede conseguir gente suficiente en una región para que rechace al gobierno y al dominio de Satanás; si una cantidad suficiente de miembros de su pueblo está dispuesto a rechazar al dominio de Satanás de la forma debida, con humildad, con quebrantamiento y con una intercesión llena de arrepentimiento, entonces Dios va a plantar un aviso de desahucio en la puerta del poder demoníaco que domine sobre esa región. Y cuando lo haga, comienzan a llegar la luz y la gloria.

Nunca sabemos cómo, cuándo ni dónde puede comenzar un mover de Dios. Pero si caemos de rodillas, Dios extenderá su poderosa diestra a favor nuestro. Si ponemos unos cimientos de oración, Dios edificará algo espectacular sobre ellos. Si intercedemos como nunca antes, también Dios intervendrá como nunca.

Cuando la reunión de oración se convierte en la reunión más importante de todas, el avivamiento se halla a la vuelta de la esquina.

La palanca más larga

*«Se alegrarán los que menospreciaron los
días de los modestos comienzos».*

ZACARÍAS 4.10

El 1º de julio de 1857, Jeremiah Lanphier recibió el llamado a ser misionero urbano en la ciudad de Nueva York. Pronto fue guiado a comenzar una reunión diaria a la cual pudieran asistir personas de negocios de la ciudad para orar al mediodía. La primera reunión se efectuó en septiembre, en el aposento alto del edificio del consistorio que tenía la Iglesia Holandesa Reformada en Manhattan. Solo se presentaron seis personas. A la semana siguiente había catorce. Una semana más tarde, había veintitrés. La reunión de oración terminó pasando al santuario principal de la iglesia, y después se hizo mayor que la misma iglesia. Las reuniones de oración se comenzaron a multiplicar por toda la ciudad, hasta que las reuniones diarias para orar tenían lugar en casi todos los edificios públicos de Nueva York.

Comentando sobre el llamado de Jonathan Edwards a «una unión visible del pueblo de Dios en una oración extraordinaria», J. Edwin Orr escribe: «Cuando encontramos gente que se levanta a las seis de la mañana para orar, o dedica a la oración la mitad de la noche, hasta la media noche, o renuncia a su descanso del almuerzo para orar en una reunión de oración al mediodía, eso es oración extraordinaria».

Horace Greeley, fundador del periódico de mayor influencia en sus tiempos, el *New-York Tribune*, envió a uno de sus reporteros para que investigara acerca de ese avivamiento creciente. El reportero visitó doce reuniones de oración en una hora de un día, y contó seis mil cien hombres buscando fervientemente a Dios en oración. En el momento cumbre del avivamiento, se calcula que se convertían cerca de diez mil personas cada semana en la ciudad de Nueva York, aproximadamente el uno por ciento semanal de los habitantes de la ciudad.

Me agradaría saber quiénes eran esas seis personas que acudieron a la primera reunión de oración. No puedo menos que preguntarme si no se sentirían desanimados aquella primera semana. ¿Tendrían algún indicio de que estaban comenzando algo que causaría un impacto sobre centenares de miles de vidas? Sospecho que no tenían la menor idea. Muy pocas veces sabe alguien que está haciendo historia mientras la está haciendo. Y de todas formas, eso no nos toca a nosotros. Pero si oramos como lo hacían los miembros de la iglesia en sus primeros tiempos, Pentecostés se puede producir en cualquier lugar. Nuestras oraciones tienen el potencial de escribir y reescribir la historia.

Unos comienzos modestos

En Zacarías 4, el remanente judío que había regresado a Israel se estaba preparando para reconstruir el templo. Era una empresa de grandes proporciones. Pero el Señor les dio ánimo con estas palabras:

> «Cuando vean la plomada en las manos de Zorobabel, se alegrarán los que menospreciaron los días de los modestos comienzos».

La plomada se utilizaba en el pasado para medir. ¡Hasta aquellos momentos, todo lo que habían hecho era medir! Eso era todo, pero Dios ya se estaba alegrando con ellos. Como un padre que celebra los primeros pasos de su bebé, nuestro Padre celestial se regocija cuando nosotros damos pasos, por pequeños que sean, en la dirección correcta. Y esos pequeños pasos se convierten en saltos gigantescos en el reino de Dios. Si nosotros hacemos las cosas pequeñas, Dios hará las grandes. Sin embargo, es necesario que nosotros hagamos esas cosas pequeñas *como si* fueran grandes.

No nos podemos preocupar por lo que no podemos hacer; sencillamente, tenemos que hacer todo lo que podamos.

Oswald Chambers escribió en una ocasión: «En nosotros es innata la idea de que tenemos que hacer cosas excepcionales para Dios, pero no es así. Tenemos que ser excepcionales en las cosas comunes y corrientes». Y si nosotros hacemos lo común y corriente, Dios le añadirá algo extraordinario.

La oración es nuestra plomada. También es la verdadera medida de una persona. Nadie es más grande que su vida de oración. Nuestro potencial está en proporción directa a nuestra vida de oración. Es el mayor indicador de nuestro éxito en todo lo que emprendemos.

La palanca

Arquímedes de Siracusa es famoso por su observación: «Dadme una palanca y moveré al mundo». Se estaba refiriendo a una de las seis máquinas simples identificadas por los científicos del Renacimiento. La palanca amplía la fuerza que se aporta para proporcionar una potencia mayor de salida. Dicho de manera sencilla, mientras más larga sea la palanca, mayor peso podrá levantar.

Permíteme tomar prestada esa sencilla afirmación para sustituir un detalle: *dame un lugar donde arrodillarme y moveré al mundo*. En el reino de Dios, la humildad equivale a autoridad. Llámala una humildad valiente o una valentía humilde. Esa es nuestra palanca. Si tratamos de exaltarnos a nosotros mismos, Dios hallará una manera de humillarnos. Pero si nosotros nos humillamos, Dios hallará una manera de exaltarnos. No hay mejor palanca que la de arrodillarnos a orar. Si caemos de rodillas en humilde oración, Dios extenderá su poderosa mano a nuestro favor. Nos dará una fuerza humanamente imposible.

Uno de nuestros lemas en NCC es «mantente humilde y mantente hambriento». La humildad es la forma de quitarnos del camino cuando Dios quiere hacer algo. Y si nos mantenemos fuera del camino de Dios, entonces no hay nada que él no pueda hacer en nosotros y por medio de nosotros.

Lo primero que hago todos los días es caer de rodillas, un ritual diario que comenzó el día que empezamos el reto de los cuarenta días de oración. Al final de aquellos cuarenta días, yo era una persona totalmente distinta. No tengo ni idea de la razón por la cual no me había estado arrodillando todas las mañanas antes de eso, pero cuando terminaron los cuarenta días, ya yo no me podía imaginar ninguna otra manera de comenzar mi día. Arrodillarse no tiene nada de mágico, pero tiene algo de bíblico. La postura de nuestro cuerpo nos ayuda a poner el corazón en la postura correcta. Lo que importa realmente es que inclinemos nuestro corazón en reverencia ante Dios, pero yo me he llegado a dar cuenta de que eso me es más fácil de hacer si estoy arrodillado.

Durante nuestro reto de oración por cuarenta días, Dios nos reveló su favor de maneras sorprendentes. Recibimos la clase de cobertura en las noticias que el dinero no puede pagar. El periódico *The Washington Post* publicó una historia de primera página notablemente positiva en la sección metropolitana del fin de semana. Unas pocas semanas más tarde, el "Today Show" filmó uno de nuestros servicios de fin de semana, y ese segmento salió al aire en el último día de nuestro reto de oración de cuarenta días. ¿Coincidencia? No lo creo. Se le notaban las huellas de la mano de Dios por todas partes.

La publicidad no es algo que se deba buscar, pero sí es algo que debemos administrar con sabiduría. Para ser sincero, es una espada de dos filos. Mientras más publicidad recibas, más piedras te tirarán. Así que, al nivel personal, yo tiendo a evitarla a toda costa. Todo lo que hace es complicarme la vida. Pero si Dios puede ser glorificado por medio de ella, que así sea. Y sí, creo que las buenas nuevas tienen que aparecen en el mundo de las noticias. Dios fue glorificado por medio del segmento que sacó al aire el "Today Show" el domingo de Resurrección y, como consecuencia, hay muchas personas sin iglesia que nos han visitado. ¡Así que, alabemos a Dios!

Una de las bendiciones inesperadas fue que le pudimos ministrar al equipo que hizo la grabación. María, la reportera que escribió la historia me dijo que su padre era ateo, pero que su abuela era una mujer de oración. Yo le regalé a María un ejemplar de *El hacedor de círculos*. Unas semanas más tarde, me dijo que aquel libro había revolucionado su vida de oración. Hasta compró otros ejemplares para dárselos a algunos de sus amigos y familiares. ¡Quién sabe! ¡Tal vez Dios esté levantando un remanente en la cadena televisiva NBC!

*Si nosotros hacemos lo ordinario, Dios
le añadirá lo extraordinario.*

El socio principal

«Acumulen para sí tesoros en el cielo».
MATEO 6.20

Tengo un amigo de noventa y cinco años de edad que se llama Stanley Tam. En realidad, es más que un amigo; Stanley es uno de mis héroes. Hace más de medio siglo, decidió hacer a Dios su Socio principal. En una de las adquisiciones corporativas más exclusivas de todos los tiempos, Stanley le transfirió legalmente a Dios el cincuenta y uno por ciento de su negocio.

Stanley fundó la United States Plastic Corporation con un capital de treinta y siete dólares. Cuando le entregó su negocio a Dios, sus ingresos anuales eran inferiores a los doscientos mil dólares, pero Stanley creyó que Dios bendeciría su negocio y quiso honrarlo desde el principio mismo.

En aquel punto, la mayoría de nosotros nos estaríamos felicitando a nosotros mismos, pero no Stanley. Sintió convicción por haberse quedado con el cuarenta y nueve por ciento. Después de leer la parábola del mercader que había encontrado la perla de gran precio y había vendido todas sus posesiones para adquirirla, decidió despojarse de todas sus acciones.

El 15 de enero de 1955, le transfirió todas las acciones a su Socio principal, y se convirtió en empleado a sueldo de la compañía que él mismo había empezado. Desde el día en que tomó aquella decisión definidora, Stanley ha donado más de ciento veinte millones de dólares.

Hace algunos años, Stanley habló en National Community Church, después compartimos una de las cenas más memorables que yo haya tenido jamás. Me bebí cada palabra que salía de sus labios. La sabiduría que me entregó en una hora va a perdurar toda una vida. En su sencillo estilo, me dijo: «La pala de Dios es más grande que la nuestra». Traducción: «No le podemos dar a Dios más de lo que él nos da a nosotros». Stanley descubrió la llave que libera el gozo de la generosidad: lo que nos guardamos, terminamos perdiéndolo; lo que damos es lo que vuelve finalmente a nuestras manos. Por eso me dijo: «Yo lo que hago es enviarlo por delante, dándolo». Entonces me dijo unas memorables palabras que tienen mayor profundidad que todo cuando he aprendido en todo el tiempo que he estado consiguiendo tres títulos del seminario: «Dios no puede recompensar a Abraham todavía, porque su semilla aún se sigue multiplicando».

Esto es precisamente lo que pasa con él. Va a tomarse un buen tiempo hacer el cálculo de su recompensa en el cielo, no por la cantidad que haya dado, sino por el porcentaje. Stanley estuvo sumamente cerca de dar el ciento por ciento. Él lo dice así: «Un hombre solo puede comer una sola comida a la vez, usar solo un traje una vez y conducir solo un auto a la vez. Todo esto, lo tengo. ¿Acaso no es suficiente?».

El mismo Dios

Cuando nuestra cena iba llegando a su final, Stanley compartió conmigo un último pensamiento que me sirvió también de postre. No estoy seguro si fue por *lo que dijo* o por *la forma* en que lo dijo, pero me impresionó con una sencilla profundidad. Esto es lo que me dijo: «Yo tengo el mismo Dios que tiene George Müller».

¡El mismo Dios que ayudó a George Müller a recoger decenas de millones de dólares es el Dios que ayudó a Stanley Tam a donar decenas de millones de dólares! Y es el mismo Dios que puede llevar a la realidad los planes y los propósitos que ha puesto en tu corazón. Si es algo que ha sido dispuesto por Dios, es inevitable.

Hay pocas cosas más inspiradoras que ver una fe infantil en una persona muy anciana. Así es Stanley Tam. Es la persona anciana más joven que conozco. Sencillamente, le ha tomado la palabra a Dios. Y cuando nosotros le tomamos la palabra a Dios, él la cumple.

Uno de los errores que cometemos cuando leemos la historia, ya sea la bíblica o la historia en general, es pensar que los que vivieron antes que nosotros eran diferentes. No lo eran. Si Dios hizo algo por ellos, lo puede hacer por nosotros. Y si nosotros hacemos lo que ellos hicieron en la Biblia, tengo la seguridad de que Dios va a hacer lo que hizo entonces. Nada ha cambiado. Dios quiere renovar sus obras en nuestros días. Ahora bien, es necesario que nosotros oremos para pagar el precio. Leonard Ravenhill lo dijo de esta manera:

> Uno de estos días, algún alma sencilla va a tomar el Libro de Dios, lo va a leer *y lo va a creer*. Entonces, el resto de nosotros nos vamos a quedar avergonzados. Hemos adoptado la cómoda teoría de que la Biblia es un libro para explicarlo, cuando en primer lugar y por encima de todo, es un Libro para ser creído (y después de creído, obedecido).

El legado

Hace poco tuve el privilegio de hablar en una conferencia cuya anfitriona era una maravillosa organización llamada Generous Giving. El enfoque de esa reunión anual de algunos de los cristianos más adinerados del país, consiste en dar con generosidad y de manera estratégica a las causas del reino. Mientras estaba allí, conocí a algunos miembros de la Fundación de la Familia Maclellan. Ellos se encuentran entre los filántropos más respetados del mundo y son líderes dentro del movimiento de la generosidad.

El 7 de junio de 1857, un escocés llamado Thomas Maclellan hizo un pacto con «Todo en todos». Ese pacto, hecho el día que cumplía veinte años, lo renovó al cumplir los cincuenta y al cumplir los setenta. Más de cinco generaciones después, las semillas que él sembró se siguen multiplicando en los millones de dólares que se donan. Pero la genealogía de esa generosidad se remonta a una oración definidora.

> Me postro ahora ante tu trono y ante el escabel de tus pies... Oh Dios del cielo, escríbelo en el libro de tus memorias: desde este momento soy tuyo para siempre. Renuncio a todos los amos antiguos que han

tenido dominio sobre mí, y consagro todo lo que soy y todo lo que tengo, las facultades de mi mente, los miembros de mi cuerpo, mis posesiones terrenales, mi tiempo y mi influencia sobre los demás, con el fin de que sean usados totalmente para tu gloria, y empleados decididamente en obediencia a tus mandamientos, mientras tú me sigas dando vida.

El mayor legado que puede dejar una persona es un sometimiento total de su vida al señorío de Jesucristo. Si nosotros no le escamoteamos nada a Dios, él no nos negará nada a nosotros. Reclámale a Dios su promesa, tal como la expresa el salmista: «El Señor brinda generosamente su bondad a los que se conducen sin tacha». Esa generosidad pasa de una generación a la siguiente y se convierte en grandes cosas. Dios responderá a nuestras oraciones en la vida de unos descendientes que no conoceremos hasta que tengamos la reunión familiar alrededor del Padre en el banquete de bodas del Cordero. Pero todas las oraciones que hacemos, todo lo que damos, todos los sacrificios que hacemos y todos los pasos de fe que damos constituyen una herencia que le dejamos a la generación que nos sigue. Y nuestras oraciones siguen viviendo en sus vidas mucho después de haber muerto nosotros.

Dibuja
el Círculo

*Lo que nos guardemos, terminaremos perdiéndolo;
lo que demos, terminaremos recuperándolo.*

Los contratos de oración

«Todo lo que ustedes aten en la tierra
quedará atado en el cielo».
MATEO 18.18

Hace más de diez años, pasé caminando junto a una casa que habían usado los vendedores de drogas en Capitol Hill, y Dios me dio la visión de una cafetería. En aquellos momentos, era una oración ridícula, porque apenas teníamos dinero y gente en la iglesia. Así que comenzamos a rodearla caminando alrededor de ella, de la misma forma que hicieron los israelitas con Jericó. ¡En el transcurso de cinco años, le debemos haber impuesto manos, parado sobre ella y trazado un círculo a su alrededor diez mil veces!

El precio original que nos pidió el dueño era de un millón de dólares, pero mientras más orábamos, más iba descendiendo el precio. Cuando por fin la compramos, dimos trescientos veinticinco mil dólares por ella. Lo más asombroso de todo fue que cuatro posibles compradores estaban ofreciendo más dinero que nosotros, y entre ellos había dos compañías inmobiliarias.

Entonces, ¿cómo fue que la conseguimos? Mi única explicación se encuentra en Mateo 18.18: «Todo lo que ustedes aten en la tierra quedará atado en el cielo». Nuestras oraciones tenían un hiperenlace con esa promesa. Nosotros creíamos genuinamente que era Dios quien nos había dado nuestra visión. Así como Jesús conversaba junto a los pozos, lugares naturales de reunión en el mundo antiguo, nosotros queríamos crear un «pozo» postmoderno donde se encontraran los caminos de la iglesia y la comunidad. Y esa propiedad, a una calle de la Union Station —en la esquina diametralmente opuesta a la Comisión de Seguridades e Intercambios, y en el corazón mismo del Capitol Hill histórico—, era nuestra Tierra Prometida.

El verbo traducido como *atar* tiene una connotación de tipo legal. Significa «hacer un contrato con respecto a algo». Eso es precisamente lo que sucede cuando oramos en la voluntad de Dios. Nuestras oraciones establecen un contrato en el ámbito espiritual. Así que, aunque el 7 de febrero de 2002 es la fecha en la cual pusimos nuestras firmas en un papel y tomamos posesión de la propiedad ante los ojos del gobierno, el contrato espiritual ya había sido sellado siete años antes. La fecha es la del primer círculo de oración que trazamos alrededor de la propiedad.

Autoridad plena

A lo largo de todo este libro he insistido en una sencilla verdad, y me agradaría decirla una vez más: el propósito de la oración no es conseguir lo que queremos; el propósito de la oración es discernir lo que Dios quiere; aquello que es su voluntad. Pero si tu oración está dentro de la voluntad de Dios, entonces estará apoyada por la autoridad plena del Rey y de su reino.

A. W. Tozer escribió: «Lo que nos viene a la mente cuando pensamos en Dios, es lo más importante que hay en nosotros». Así que permíteme que te haga esta pregunta: cuando piensas en Dios, ¿cuáles son las imágenes que te vienen a la mente? La imagen que me viene a la mente es un cuadro de Jesús con un cordero cargado alrededor de los hombros, porque ese es el cuadro que mis abuelos tenían colgado en su casa. Sospecho que en la mayoría de los casos, la figura dominante para mucha gente sea la de Jesús clavado en una cruz. Esa espantosa cruz es la imagen más hermosa del aspecto que tiene el amor verdadero. Pero permíteme hacer una observación que tal vez te parezca un tanto sacrílega. No le estás orando a un Dios que se halla clavado en una cruz; Jesús está sentado en el trono, y la tierra es el escabel de sus pies. Suya es toda la autoridad. Y si tú eres suyo, entonces esa autoridad es tuya también.

Subestimamos extremadamente la autoridad que tenemos por ser hijos de Dios. Y necesitamos con urgencia una visión como la que tuvo Isaías, que vio al Señor alto y sublime.

Pienso que Tozer tenía razón al afirmar que un bajo concepto de Dios es la causa de un centenar de males menores, mientras que un alto concepto de él es la solución a diez mil problemas. Nuestro mayor inconveniente es el concepto tan limitado que tenemos de Dios. Él es mucho mayor que nuestros mayores problemas. Es mucho mejor que nuestros mejores pensamientos. Es infinitamente más sabio, bondadoso y poderoso que todo cuanto nosotros nos podamos imaginar.

Negocia

Recordando lo pasado, me alegra que nos tomara tanto tiempo comprar nuestro pedazo de tierra prometida. Y me alegra que fuera tan difícil como lo fue. ¿Por qué? Porque aprendimos a soñar en grande, a orar con intensidad y a pensar con detenimiento. Tal vez te parezca redundante, pero si no hubiera hecho falta un milagro, no sería tal cosa.

Esa experiencia no nos enseñó solamente a negociar en el plano humano; también nos enseñó a negociar con Dios por medio de la intercesión. Nos llevó más allá de nuestros límites y ensanchó nuestra fe. Y ahora estamos administrando el milagro creyendo que Dios nos concederá milagros más grandes y mejores.

Nosotros tendemos a considerar la meta como tal, pero en la economía de Dios, la meta es el proceso en sí. No es en absoluto *lo que estamos haciendo*, sino en *quiénes* nos estamos convirtiendo mientras lo hacemos.

No se trata de hacer grandes cosas para Dios; se trata de que Dios pueda hacer grandes cosas en nosotros.

Después de explicar la naturaleza de nuestras oraciones como contratos, Jesús explica el poder que tienen los círculos de oración.

«Si dos de ustedes en la tierra se ponen de acuerdo sobre cualquier cosa que pidan, les será concedida por mi Padre que está en el cielo. Porque donde dos o tres se reúnen en mi nombre, allí estoy yo en medio de ellos».

El concepto de los círculos de oración se puede entender de dos formas. Se refiere a cosas concretas alrededor de las cuales estamos trazando un círculo en oración, como la casa que convertimos en nuestra cafetería. Pero cuando dos o tres se ponen de acuerdo en oración, están formando un círculo de oración alrededor del círculo de oración. ¡Es como si fuera un círculo doble o triple!

El verbo *atar* significa también «juntar amarrando». Es el mismo que usamos para describir los votos matrimoniales. Así como en el matrimonio los dos se convierten en una sola carne, también cuando nos ponemos de acuerdo en oración, los dos nos convertimos en un solo espíritu.

Se produce algo poderoso cuando nos ponemos de acuerdo en oración. La fe que tenemos no se suma solamente, sino que se multiplica. Eso no significa que nos podamos llegar hasta la agencia local de automóviles y hacer un círculo alrededor de nuestro modelo favorito junto con algunos amigos. Pero si estamos orando en la voluntad de Dios y para su gloria, ponernos de acuerdo en oración es como legalizar nuestro contrato de oración.

Por último, el verbo *atar* significa «encadenar». En las Escrituras hay más de tres mil promesas y, según el apóstol Pablo, todas ellas «son "sí" en Cristo». Nuestras oraciones más poderosas se hallan encadenadas a las promesas de Dios. No te limites a orar todo el tiempo con tus propias palabras; ora con la Palabra de Dios, porque su palabra no regresa a él vacía.

En el Antiguo Testamento, la idea de atarse a la Palabra de Dios era tomada de manera literal. Se mantenía la Palabra de Dios en lugares visibles y se amarraba a distintos lugares del cuerpo para recordarla constantemente. El Señor les ordenó a los israelitas: «Átalas a tus manos como un signo; llévalas en tu frente como una marca».

Encadénala a tu mente por medio de la memorización. Encadénala a tu pasado, tu presente y tu futuro por medio de la oración.

Ponerse de acuerdo con alguien en oración es como hacer que nuestra oración quede legalizada.

Día 38

Sube a la torre del vigía

Me mantendré alerta, me apostaré en los terraplenes.
HABACUC 2.1

L as torres de vigía o atalayas tenían diversos propósitos en las culturas antiguas: eran sistemas de defensa construidos en los muros de las ciudades antiguas, se construían en los prados para que los pastores pudieran proteger a sus rebaños de los animales salvajes y también en los viñedos, para protegerlos de los ladrones. Los vigías subían a su torre, se estacionaban en sus puestos de observación y escudriñaban el horizonte en busca de ejércitos enemigos o de caravanas de mercaderes. Los vigías eran los primeros en ver y los que veían más lejos. Así sucede con los que oran. Los intercesores son vigías. Ven más pronto y más lejos en el ámbito espiritual. ¿Por qué? Porque la oración nos da un punto de vista privilegiado.

Mi atalaya es Ebenezer's Coffeehouse. Me encanta ir a orar en el techo, porque estoy orando encima de una oración contestada. Con frecuencia, subo la escalera, abro la escotilla y camino de un lado a otro en oración. Es difícil *no* orar con fe cuando uno lo hace en un lugar donde Dios ya ha realizado un milagro.

Me pregunto si no sería así como se sentía Elías mientras oraba para pedir la lluvia en la cima del monte Carmelo. Dios le acababa de responder una oración imposible en aquel mismo monte. Había derrotado a los cuatrocientos cincuenta profetas de Baal en un espectáculo de muerte repentina en el monte Carmelo. El Dios que había enviado *fuego*, seguramente podría enviar *lluvia*, ¿no es así? Aquel milagro le daba a Elías la fe que necesitaba para orar intensamente. Y ese es uno de los productos secundarios de las oraciones respondidas. Nos dan la fe necesaria para creer que Dios puede hacer milagros más grandes y mejores. Con cada oración que es respondida, trazamos un círculo de oración más grande. Con cada acto de fidelidad, nuestra fe aumenta. Con cada promesa cumplida, nuestro cociente de persistencia va en aumento.

La geografía y la espiritualidad no dejan de tener su relación entre sí. Por eso los israelitas levantaban memoriales en los lugares que tenían una significación espiritual. Durante las temporadas de arrepentimiento, volvían con frecuencia a aquellos antiguos altares para renovar su pacto con Dios.

Tengo que creer que David volvió más de una vez al campo de batalla donde había derrotado a Goliat. Que Abraham volvió en peregrinaje al matorral donde Dios lo había provisto del carnero. Que Pedro remó hasta el lugar del mar de Galilea donde había caminado sobre las aguas, y eso renovaba su fe. Que Pablo levantó un altar personal en el lugar del camino a Damasco donde Dios lo había derribado de su cabalgadura. Y que Zaqueo llevaba a sus nietos a subirse en el sicómoro donde había visto a Jesús por vez primera.

El regreso a los lugares de importancia espiritual debería formar parte de nuestro ritmo espiritual. De vez en cuando, regreso al prado de vacas de Alexandria, Minnesota, donde me sentí llamado al ministerio. Regreso a la galería de la capilla de mi alma máter, donde aprendí a orar. Regreso a los lugares que me recuerdan la fidelidad de Dios, porque esos lugares renuevan mi fe. Por esa razón, y un centenar más, el lugar *donde* oramos no es algo que carezca de importancia. Los israelitas levantaban la tienda de reunión en las afueras de su campamento por una razón. Jesús oraba en los montes, junto a las aguas y en los huertos, por una razón. Necesitamos hallar un lugar donde estemos libres de distracciones, donde tengamos buena recepción, donde nos podamos concentrar y donde nuestra fe sea fuerte.

Los blancos de la oración

Hay una antigua traducción de Habacuc 2.1 que dice así: «Me pararé en mi vigía, y me estacionaré dentro de un círculo». Ese fue el texto de las Escrituras que inspiró a Honi a trazar un círculo en la arena y orar para pedir lluvia. Honi se situó dentro del círculo, arrodillándose en él y haciendo la oración que salvó a una generación: «Señor del universo, juro ante tu gran nombre que no me moveré de este círculo mientras tú no les hayas manifestado tu misericordia a tus hijos». ¡Honi estaba dispuesto a morir dentro de aquel círculo!

Repito una vez más que trazar un círculo de oración alrededor de algo no tiene nada de mágico, pero sí tiene algo de bíblico. Hay ocasiones en las cuales tenemos que marcar el territorio de Dios. Tenemos que señalar en oración un perímetro alrededor de una promesa que Dios nos ha puesto en el corazón. Debemos estar dispuestos a entrar en el círculo y a no salir de él hasta que Dios responda.

Hacer eso es algo que puede tomar un centenar de formas distintas. Permíteme que comparta contigo unos ejemplos.

Recientemente hablé en la reunión semanal de oración en el Christ Tabernacle de Queens, Nueva York. Michael y María Durso fundaron el Christ Tabernacle, una iglesia hija del Brooklyn Tabernáculo, hace cerca de treinta años. Sus tres hijos varones, Adam, Jordan y Chris, forman parte del personal pastoral, y son una de las familias más ungidas que he conocido jamás. Esa unción es un testimonio a favor del poder de la oración, porque sus tres hijos fueron pródigos en sus años de adolescentes. A veces daba la impresión de que sus hijos estaban tan perdidos que era imposible su regreso, pero Michael y María no dejaban de ayunar y orar por ellos. Literalmente, se compraron una diana, escribieron los nombres de sus tres muchachos en el centro de ella, y se mantuvieron dirigiendo su intercesión a sus hijos. Aquella diana era una manera palpable de trazar un círculo alrededor de ellos. Les llevó años trazando círculos, y pasaron por temporadas de desaliento, pero uno tras otro, sus hijos regresaron a Cristo.

Una nota al pie de página.

Cuando Michael y María tenían veintitantos años, estaban tan lejos de Dios como puede llegar un ser humano. Vivían de una dosis de droga a la siguiente y se burlaban de todo lo que fuera aunque sea remotamente religioso. Estaban de vacaciones cuando María, de manera misteriosa, cayó bajo la convicción del Espíritu Santo. No estaba en una iglesia. No estaba escuchando a un predicador. Tampoco estaba leyendo una

Biblia. Aquella convicción surgió de la nada. Lo que ella no sabía era que treinta de sus amigos habían sido salvos después que ella y Michael habían salido de vacaciones. ¡El momento en que ella cayó bajo la convicción fue el mismo en que sus amigos formaron un círculo de oración y comenzaron a interceder por ella!

Otra nota más.

Durante muchos años, los esposos Durso oraron pidiendo un grupo de jóvenes. No se daban cuenta de que tenían el grupo de jóvenes ante sus propias narices. Estaban criando a los pastores de jóvenes en su propio hogar. Un día, Dios le dio a Adam una visión en la cual unos jóvenes estaban haciendo fila para entrar a su ministerio de jóvenes de la misma forma que la gente hace fila para entrar en los clubes nocturnos. Comenzó un ministerio de jóvenes, y ahora es Chris quien lo dirige. Y centenares de jóvenes hacen fila alrededor de la cuadra los viernes por la noche para poder entrar.

Traza un círculo a su alrededor

Desde que se publicó *El hacedor de círculos*, he escuchado historias asombrosas sobre los círculos de oración que hacen las personas alrededor de las promesas y los impulsos que Dios les está poniendo en el corazón.

Es posible que el círculo de oración más largo sea el recorrido de tres mil doscientos kilómetros que hizo alrededor de seis estados de Nueva Inglaterra mi amigo Josh Gagnon, pastor de la congregación Next Level Church. Después de leer acerca de mi caminata de siete kilómetros y medio alrededor de Capitol Hill, se sintió movido a hacer en oración un perímetro alrededor de su tierra prometida. Los cinco días que pasaron él y varios miembros de su personal cantando y orando en aquel auto fueron una experiencia tan poderosa, que lo están convirtiendo en una tradición anual a principios de cada año.

El círculo de oración más especial tuvo lugar en mi mismo traspatio. No lo recomiendo precisamente, pero permíteme describirlo. A través de un sueño y una palabra profética, un grupo de intercesores se sintió guiado a enterrar tres mil Biblias a lo largo de los ciento quince kilómetros de la carretera circunvalación que rodea a Washington, D.

C. Armados con palas y mochilas llenas de Biblias, hicieron ese círculo alrededor de la ciudad durante el transcurso de diez noches, y fueron plantando las Biblias en el suelo a cuarenta pasos de distancia entre sí. Pensaron en no hacerlo más de una vez, pero el Señor se lo seguía confirmando. Así como Ezequiel construyó torres de asalto como imagen profética o señal sagrada, ellos enterraron las Biblias como manera de reclamar la capital de la nación.

Oramos una y otra vez diciendo: «Señor, ablanda el suelo del D. C. y de Estados Unidos, para que la Palabra de Dios quede profundamente sembrada de nuevo». Creemos que las Biblias formaron un cinturón de verdad alrededor del D. C. Y oramos con Zacarías 2.5, para que Dios sea muro de fuego alrededor de Jerusalén, y para que su gloria se revele dentro del círculo. Más que nada, estábamos rodeando la ciudad con un círculo para convertirla en un blanco donde Dios mismo derrame su Espíritu.

Déjame repetirte una vez más que trazar los círculos no tiene nada de mágico. Sinceramente, no importa si son círculos literales o imaginarios. Y pueden ser círculos, óvalos, cuadrados o hexágonos. La forma no es lo que importa. Lo que importa es esto: si el Espíritu Santo nos impulsa a orar, necesitamos dar un paso de fe y marcar el territorio de Dios.

Dibuja el Círculo

La vuelta a los lugares que tienen un significado espiritual nos puede ayudar a encontrar de nuevo nuestro camino hacia adelante.

Suelo santo

«Quítate las sandalias, porque estás pisando tierra santa».
ÉXODO 3.5

El General Cecil Richardson es jefe de capellanes retirado de la Fuerza Aérea de los Estados Unidos. Mientras estaba destacado en el D. C., Richardson asistió a uno de nuestros locales y habló a nuestro ministerio de hombres un fin de semana. Como Mayor General, entiende la cadena de mando. Así que cuando el Espíritu Santo le da orden de marchar, saluda, se pone en la fila y obedece sus órdenes. Eso es lo que sucedió un sábado en que se despertó a las 5:30 a.m. con un inexplicable impulso por conseguirse unos lentes nuevos. Su esposa le había estado diciendo durante años que necesitaba lentes nuevos, pero no había atendido sus sugerencias. Ese nuevo impulso era extraño y le llegaba en un momento también extraño. Y por supuesto, el problema era que las ópticas no abren temprano en los fines de semana. Así que el general tuvo un largo desayuno en un restaurant Denny's y después visitó el centro de óptica más cercano, precisamente en el momento en que abría sus puertas.

Cuando entró al establecimiento, Cecil se sintió guiado a decirle a la señora que estaba detrás del mostrador que él era capellán. Al principio se resistió, porque no quería que ella pensara que le estaba pidiendo un descuento militar de alguna clase, pero sintió que era necesario que ella lo supiera. Así que saludó al Espíritu Santo y se limitó a decirle: «Soy capellán». Entonces fue cuando aquella mujer comenzó a temblar, mientras los ojos se le llenaban de lágrimas. Le dijo: «Mi esposo es militar y está destacado en el extranjero, y yo acabo de descubrir que tengo cáncer. No tengo idea de lo que debo hacer, así que ayer una amiga y yo le pedimos a Dios en oración que me enviara a un capellán. Y aquí está usted».

Esos son los momentos en que se le pone a uno la piel de gallina. Son los momentos en los que Dios nos recuerda que a él le interesan todos los detalles de nuestra vida. Son los momentos en los que nos quitamos el calzado, porque sabemos que estamos en suelo santo.

El Lugar

Cuidar ovejas.

¿Te puedes imaginar una existencia más monótona? Pues fue la que tuvo Moisés durante cuarenta años. Debe haber sentido que era Dios quien lo había sacado a aquellas tierras de pastoreo. Una vez había soñado con liberar al pueblo de Israel de su cautividad, pero ese sueño había muerto cuando mató a un capataz egipcio y huyó del país como fugitivo de la justicia. Moisés se pasó los cuarenta años siguientes en un exilio espiritual en lo último del desierto.

Entonces se le apareció Dios en una zarza ardiendo.

A mí me parece que Moisés se debe haber levantado aquella mañana, se habría puesto las sandalias y recogido su vara, imaginándose que iba a ser un día ordinario, tal como lo había sido el anterior y lo sería el siguiente. Pero uno nunca sabe cuándo, dónde o cómo Dios va a invadir la rutina de su vida.

Los eruditos judíos solían debatir sobre la razón por la cual Dios se le apareció a Moisés en una zarza ardiendo. Un trueno o un relámpago habrían sido más impresionantes. ¿Y por qué en lo último del desierto? ¿Por qué no en el palacio o en una de las pirámides de Egipto?

La conclusión a la que llegaban era que Dios se le apareció a Moisés en una zarza ardiendo por una sencilla razón: para demostrarle que no hay lugar alguno donde no esté él presente; ni siquiera una zarza situada en lo último del desierto. Así que le dieron a Dios un nombre que yo he aprendido a amar: *El Lugar*. Dios está aquí, allí y en todas partes. De manera que no importa dónde estemos; Dios puede encontrarse con nosotros en cualquier lugar.

Hace algunos años, oí al autor Ken Gaub expresar uno de los más asombrosos testimonios sobre la oración que haya escuchado jamás. Él iba en auto con su familia por la autopista I-75 cerca de Dayton, Ohio, cuando decidieron hacer una parada en un restaurante. La esposa de Ken y sus hijos se fueron inmediatamente al restaurante mientras él estiraba las piernas. Cuando pasó al lado de la gasolinera, oyó que un teléfono público estaba sonando. Como el teléfono seguía insistiendo, Ken pensó que se podría tratar de algún tipo de emergencia, así que lo respondió. Entonces oyó la voz de una operadora que decía: «Larga distancia para Ken Gaub».

A Ken le faltó poco para desmayarse. Le dijo: «Usted debe estar bromeando conmigo. Yo solo estaba caminando en medio de un lugar desolado y oí sonar el timbre de este teléfono». La operadora, confundida, dijo: «¿Está allí Ken Gaub?». Después de asegurarse de que no hubiera ninguna cámara indiscreta, dijo: «Es el que habla».

Al otro lado de la línea, una voz dijo: «Señor Gaub, me llamo Millie. Soy de Harrisburg, Pensilvania. Usted no me conoce, pero necesito su ayuda». Entonces pasó a explicarle que acababa de escribir una nota suicida, pero había decidido darle una última oportunidad a la oración. Dijo: «Dios mío, yo no quiero hacer esto». Y mientras oraba, recordó haber visto a Ken Gaub en la televisión. Entonces pensó: «Si pudiera hablar con él, me podría ayudar». Pero aún no habían llegado los tiempos de Google, por lo cual era sumamente difícil rastrearlo. Mientras ella oraba, le vinieron a la cabeza unos números y los escribió en un papel. No podía menos que pensar: «¿Acaso no sería maravilloso que Dios me estuviera dando el número de teléfono de Ken?». Entonces le dijo: «Decidí tratar de llamar a ese número y no lo pude creer cuando la operadora me dijo que lo tenía en la línea».

Millie le preguntó a Ken: «¿Está usted en su oficina?». Cuando Ken le dijo que no, Millie se sorprendió. Le dijo: «Entonces, ¿dónde está usted?». Ken le respondió: «Usted fue la que hizo la llamada. ¿No lo sabe?». Ella le dijo: «Ni siquiera sé a qué área telefónica estoy llamando. Todo lo que hice fue marcar el número que tenía en el papel». Ken le dijo: «No va a creer esto. Estoy en un teléfono público de Dayton, Ohio». Ella le contestó: «¿Y qué está haciendo usted allí?». Ken le dijo: «¡Respondiendo un teléfono público!».

Ken sacó después esta conclusión:

> Me alejé después de aquel teléfono público con una electrizante sensación de que nuestro Padre celestial se preocupa por cada uno de sus hijos. ¿Cuáles son las astronómicas posibilidades de que ocurra algo como eso? Con todos los millones de teléfonos y las incalculables combinaciones de números, solo un Dios que todo lo sabe podría hecho que aquella mujer marcara el número de aquel teléfono público precisamente en aquel momento.

Cuando Ken colgó el teléfono, caminó hasta el restaurante y se sentó con su familia. Estupefacto todavía, le dijo a su esposa Barb: «No vas a creer esto. Dios sabe dónde yo estoy».

Quítate las sandalias

En las Escrituras hay dos momentos en los cuales da la misma curiosa orden: *quítate las sandalias*. La primera vez se la dio a Moisés en lo último del desierto antes de liberar a Israel y sacarlo de Egipto. La segunda vez se la dio a Josué inmediatamente antes de entregarle Jericó. Puesto que era el ayudante de Moisés, Josué había oído mil veces la historia de la zarza ardiente. Pero nadie puede vivir de las experiencias de otro; de la historia de otro. Cada cual necesita su propia epifanía; su propio testimonio.

Entonces, ¿por qué les pidió Dios a ellos que se quitaran las sandalias?

Yo pienso que se trataba de un acto de humildad; un acto de adoración. Era una forma de reconocer su absoluta dependencia de Dios. Era una manera de quitar de en medio cuanto obstáculo se pudiera atravesar entre Dios y Moisés; entre Dios y Josué.

En caso de que te interese, te diré que una de las características de mi idiosincrasia consiste en quitarme los zapatos cada vez que estoy escribiendo. Lo hago para recordar que necesito la unción de Dios. Hacerlo me recuerda que estoy cumpliendo con un llamado sagrado.

Una última observación, porque a veces lo más obvio se nos escapa. El suelo santo no era la tierra prometida. Era allí mismo donde estaba parado Moisés. No esperes a llegar a la tierra prometida para adorar a Dios; lo tienes que ir adorando a lo largo del camino.

Este suelo es sagrado. Este momento es sagrado.
Aquí mismo. Ahora mismo.
Quítate las sandalias.

*El propósito de la oración no es darle órdenes
a Dios; es recibir órdenes de él.*

El alfabeto de la oración

«Señor, enséñanos a orar».
LUCAS 11.1

El domingo de Resurrección pasado, asistí al Desayuno Pascual de Oración en la Casa Blanca, junto con unos doscientos líderes religiosos de todo el país. Antes del desayuno, un predicador afroamericano de setenta y seis años de edad, que había trabajado junto a Martin Luther King hijo, en el movimiento de derechos civiles hizo una oración. Yo estaba esperando una superficial oración previa a la comida, pero no tuvo nada de eso. Para ser sincero, suelo orar brevemente antes de las comidas, porque creo que se deben comer los alimentos cuando aún están calientes. Así que ciertamente, no estaba esperando una oración previa a la comida que hiciera que pasara ante mis ojos como un relámpago toda mi vida de oración.

Aquel veterano santo oró con tanta familiaridad con el Padre celestial, que yo me sentía como si apenas conociera a Dios, pero eso me hizo quererlo conocer de la forma en que él lo conocía. Y oró con una autoridad tal, que daba la impresión de que acababa de salir de la sala del trono de Dios. Sus oraciones parecían cocidas por completo en la fidelidad de Dios. Comparadas, mis oraciones parecían una simple salsa aguada.

Cuando aquel santo había terminado de orar, me volví a Andy Stanley y Louie Giglio, dos buenos amigos que estaban de pie junto a mí, y les dije: «Me siento como si nunca antes hubiera orado».

Me pregunto si así sería como se sentían los discípulos cuando oían orar a Jesús. Tal vez esa fuera la razón de que le pidieran: «Señor, enséñanos a orar». Las oraciones de Jesús tenían una calidad tan diferente, que los discípulos se sentían como si en realidad ellos nunca hubieran orado antes.

Observa lo que no le pidieron. No le dijeron: «Señor, enséñanos a predicar». Tampoco le dijeron: «Enséñanos a ser líderes», o «Enséñanos a discipular». Todas esas empresas son nobles. Pero ellos solo tenían una petición: «Señor, enséñanos a orar».

Si cambiamos nuestra forma de orar, todo lo demás cambia también. Cambia nuestra forma de trabajar, nuestra forma de criar a nuestros hijos y nuestra forma de ser líderes. Cambia la forma en que establecemos nuestras prioridades y estrategias. Cambia nuestra manera de pensar, nuestra manera de sentir y nuestra manera de hablar. La oración lo cambia todo desde dentro hacia fuera.

Una nueva lengua

Cuando uno ha escrito un libro sobre la oración, la gente tiende a pensar que ya lo sabe todo sobre el tema. En realidad, es mucho más lo que *no* conozco, que lo que conozco. Me siento como si fuera mi primer día de clases en el preescolar de la oración. Pero siento hambre por aprender.

Con frecuencia, la palabra *oración* provoca sentimientos de culpa, sencillamente porque no oramos lo suficiente, o porque nos sentimos ineptos cuando no sabemos qué decir. Dicho sea de paso, nunca he conocido a nadie que sienta que ora demasiado o con demasiada eficacia. Todos nos quedamos cortos. Pero en lugar de provocar sentimientos de culpa, solo pensar en la oración nos debería producir una emoción sin límites, porque no hay nada más poderoso que arrodillarse ante el Dios Todopoderoso.

Aunque mi promedio de bateo no es mejor en la oración que el de nadie más, estoy decidido a regresar al puesto de bateador, porque no puedo batear si no balanceo el bate. Y si lo muevo suficientes veces, batearé unos cuantos jonrones y acumularé una gran cantidad de carreras impulsadas. ¡Así que deja de preocuparte de que puedas perder tu turno al bate, muévelo para enviar la pelota hasta la cerca!

No te maltrates por los fallos del pasado, ni por las luchas del presente. Simplemente, haz lo mismo que hicieron los discípulos. Pídele a

Jesús que te ayude; que te enseñe. Que esta sencilla petición sea tu *modus operandi*: «Señor, enséñanos a orar».

No importa lo mucho que sepas. ¿Tienes un espíritu deseoso de aprender? ¿Tienes hambre de aprender? ¿Estás dispuesto a cambiar? La sabiduría consiste en saber lo mucho que no sabemos. Así que tienes que comenzar por ese punto y pedirle a Dios que te enseñe.

No hace mucho, pasé por una temporada de desánimo en mi vida personal de oración. Estaba usando las mismas palabras una y otra vez, porque tenía un vocabulario demasiado pequeño. Mis oraciones me parecían estereotipadas. Lo mismo me pasaba con mi adoración. Si no estaba puesta la letra en la pantalla, no tenía nada que decir. Entonces se me ocurrió que esas letras son como las tarjetas de felicitación. Tal vez me agrade lo que dicen, pero fue otra persona la que las escribió. ¿Te puedes imaginar lo que sería darle una tarjeta de felicitación a tu cónyuge cada vez que le quisieras decir que lo amas, pero que no expresaras nunca tu amor con tus propias palabras? Sin embargo, eso es lo que nosotros hacemos con Dios. Una relación con Dios al estilo de las tarjetas de felicitación no es suficiente.

Una de las experiencias de adoración más llenas de significado que he tenido este año se produjo en Etiopía. La adoración era en inglés y en amárico. Yo disfrutaba de la adoración en inglés, pero la adoración en amárico era transformadora, porque no la podía entender. No me podía apoyar en las palabras de ninguna otra persona. Así que comencé a adorar a Dios en espíritu y en verdad. Encontré mis propias palabras para cantar. A veces la letra interfiere con la adoración a Dios, porque hay otros que están mediando en nuestra alabanza. Dios quiere escuchar tu voz, tus palabras, tu alabanza.

Un día me hallaba de rodillas, orando acerca de la oración, cuando sentí que el Espíritu Santo me preguntó de una manera amorosa y hasta bromista: «¿Te creías que esto iba a ser fácil?». Aprender un lenguaje espiritual es como aprender italiano, francés o alemán. No adquirimos fluidez en unos minutos. Ampliar nuestro vocabulario en la alabanza es tan difícil como conjugar los verbos en otro idioma.

Me encanta la historia del abuelo que fue una noche hasta la habitación de su nieta y oyó que ella estaba orando literalmente con el alfabeto.

«Amado Dios, a, b, c, d, e, f, g». Siguió orando hasta llegar a la «zeta» y dijo: «Amén». El abuelo le dijo: «Cariño, ¿por qué estás orando de esa manera?». La nieta le respondió: «No sabía qué decir, así que me imaginé que dejaría que Dios juntara las letras de la manera que a él le pareciera».

A veces yo también me siento así. No tengo ni idea de lo que voy a decir cuando oro. Y eso no tiene nada de malo. El primer objetivo de la oración consiste en orar acerca de aquello por lo que debemos orar. La oración no tiene por objetivo bosquejar nuestro plan ante Dios; su objetivo es entrar en la presencia de Dios para recibir el plan que él tiene preparado para nosotros.

Si no sabes dónde comenzar, o si te quedas estancado, vuelve a la Biblia. Comienza a leer y Dios comenzará a hablar. Entonces te hará falta dejar de leer para comenzar a orar. Las palabras, las frases o los versículos van a saltar de la página escrita a tu espíritu. Necesitamos rodearlas con un círculo de oración. Y no tengas tanta prisa por leerte toda la Biblia que no permitas que ella te lea a ti.

La diferencia

Mi amigo Ross Hill es el fundador y ejecutivo de Bank2, un banco propiedad de la comunidad en Oklahoma City. No creo haber encontrado jamás a un hombre de negocios más entregado a la causa de Cristo. El banco es su púlpito y sus clientes son su congregación. Ross define el negocio como una misión. Y es excelente en ambas cosas. Cuando Bank2 abrió sus puertas, sus líderes ungieron literalmente las puertas con aceite y oraron por todas y cada una de las personas que entraran y salieran por ellas. Las reuniones de la junta comienzan con oración. Cada vez que se necesita colocar nuevos empleados, se ora por el proceso. Y no es nada raro que Ross ore personalmente con los clientes o los empleados en su oficina ejecutiva. La oración es el fundamento de todo lo que hacen.

El banco no está inmune a los desafíos que presentan las finanzas. En el año 2008, Bank2 pasó por una gran pérdida en los préstamos, debido a un fraude. De hecho aquella pérdida solamente era más grande que la suma de todas las pérdidas que había sufrido Ross durante su carrera de treinta y cinco años en el sistema bancario. Pero, en palabras del propio Ross: «Oramos sin desmayar a lo largo de toda la situación». Y Dios les respondió. Al año siguiente, el *American Banking Journal* clasificó a Bank2 en el número uno dentro del grupo de bancos comunitarios de la nación. En el 2011, eran la operación de hipotecas número 7 en toda la nación. Y en diez años, había hecho préstamos por más de mil millones de dólares.

No importa qué sea lo que estés haciendo, la oración es la clave de tu negocio, tu práctica o tu profesión. La unción de Dios no se limita a los pastores que predican. El favor de Dios es para todos. Si eres empresario, necesitas ideas innovadoras. Si eres médico, necesitas discernimiento para diagnosticar. Si estás en el mundo de la política, necesitas carisma para actuar. Todas esas cosas son manifestaciones del Espíritu Santo.

Tanto si escribimos la letra de una canción como si redactamos leyes, vendemos casas o damos clases, diseñamos espacios o abrimos franquicias, la oración es una parte crítica del proceso creativo. No te limites a pedir sugerencias, ora. ¡Convierte tu aula, tu salón de juntas, tu vestidor, tu quirófano, tu tribunal y tu sala de conferencias en un cuarto de oración!

La oración es la diferencia entre las citas y las citas divinas. La oración es la diferencia entre las buenas ideas y las ideas de Dios. La oración es la diferencia entre el favor de Dios y la suerte en la lotería. La oración es la diferencia entre las puertas cerradas y las puertas abiertas. La oración es la diferencia entre lo posible y lo imposible. La oración es la diferencia entre lo mejor que nosotros podemos hacer y lo mejor que puede hacer Dios.

Dibuja
el
Círculo

La oración es la diferencia entre lo mejor que nosotros podemos hacer y lo mejor que puede hacer Dios.

Notas

Página 9: «*Si mi pueblo*»: 2 Crónicas 7.14.

Página 12: «*Fueron los cuarenta días más importantes*»: Bill Bright, «7 Basic Steps to Successful Fasting and Prayer», www.cru.org/training-andgrowth/devotional-life/7-steps-to-fasting/index.htm.

Página 14: «*A cuantos lo reciban*»: Adaptado de Apocalipsis 22.17.

Página 17: *Recuerdas cuando Moisés se impacientó*: Éxodo 2.12.

Página 25: «*El mundo no ha visto todavía*»: Citado por William R. Moody, *The Life of Dwight L. Moody* (Nueva York: Revell, 1900), p. 134; lee Mark Fackler, «The World Has Yet to See...», *Christianity Today* (1 enero 1990), www.ctlibrary.com/ch/1990/issue25/2510.html (consultado el 6 de junio de 2012).

Página 28: «*Padre, si quieres, no me hagas*»: Mateo 26.39.

Página 28: «*Hice una solemne dedicación*»: Edward Hickman, ed., *The Works of Jonathan Edwards* (Londres: William Ball, 1839), 1:56.

Página 37: «*Deléitate en el Señor*»: Salmos 37.4.

Página 44: «*Pidan, y se les dará*»: Mateo 7.7; Lucas 11.9.

Página 46: *Como Noé... los israelitas... Elías...*: Génesis 6.14–22; Josué 6.3–21; 1 Reyes 18.43–45.

Página 49: «*Cuando lleguen a la orilla*»: Josué 3.8.

Página 52: «*Le pregunté a Dios*»: Sam Wellman, «Heroes of History: George Washington Carver», www.heroesofhistory.com/page11.html

Página 54: *Un bajo concepto de Dios*: A. W. Tozer, *The Knowledge of the Holy* (Nueva York: HarperCollins, 1961), pp. vii, 2 [*El conocimiento del Dios santo* (Miami: Vida, 1996)].

Página 60: «*Todo aquel que se haya duchado alguna vez*»: Citado por Pat Williams, *Go for the Magic* (Nashville: Nelson, 1998), p. 97 [*¡Vamos por todo!* (México, D.F.: Selector, 1996)].

Página 65: «*Ser un observador de primera*»: Warren G. Bennis y Robert J. Thomas, *Geeks & Geezers: How Eras, Values, and Defining Moments Shape Leaders* (Boston: Harvard Business School Press, 2002), p. 19.

Página 68: «*En realidad, el Señor*»: Génesis 28.16.

Página 69: «*Y dijo Dios*»: Génesis 1.11.

Página 70: «*He observado*»: Citado por *The Sabbath Recorder*, vol. 64 (Plainfield, N.J.: American Sabbath Tract Society, 6 enero 1908), p. 738; lee también William

Jennings Bryan, «The Prince of Peace» (conferencia dictada en numerosas reuniones religiosas), http://thriceholy.net/Texts/Prince.html.

Página 70: *Jesús habló de nuestra fe*: Mateo 17.20.

Página 72: *Pero si sembramos*: 1 Corintios 3.7.

Página 74: *Dueño de todo el ganado*: Salmos 50.10.

Página 79: *Ronda como león*: 1 Pedro 5.8.

Página 79: *Jesús es el León*: Apocalipsis 5.5.

Página 79: *«Si Dios está de nuestra parte»*: Romanos 8.31.

Página 79: *«El que está en ustedes»*: 1 Juan 4.4.

Página 79: *«Todo lo puedo»*: Filipenses 4.13.

Página 79: *«Dios dispone todas las cosas»*: Romanos 8.28.

Página 80: *«Edificaré mi iglesia»*: Mateo 16.18.

Página 83: *«Defiéndeme, SEÑOR»*: Salmos 35.1, 23.

Página 84: *Me rodearás*: Salmos 32.7.

Página 85: *John Adams relató más tarde*: Charles Adams, ed., *Familiar Letters of John Adams and His Wife Abigail Adams, during the Revolution* (Boston: Houghton Mifflin, 1875), p. 38.

Página 85: *«Oh Señor, nuestro Padre celestial»*: The Office of the Chaplain: United States House of Representatives, «First Prayer of the Continental Congress, 1774», http://chaplain.house.gov/archive/continental.html.

Página 88: *«No tienen»*: Santiago 4.2.

Página 89: *«Ignoras de dónde viene»*: Juan 3.8.

Página 92: *Su palabra no vuelve a él vacía*: Isaías 55.11.

Página 92: *Todas las bendiciones*: Efesios 1.3.

Página 92: *Todas las promesas*: 2 Corintios 1.20.

Página 93: *Brinda su bondad*: Salmos 84.11.

Página 102: *Un fundamento*: 1 Corintios 3.10–12.

Página 111: *«Les entregaré a ustedes todo lugar que toquen sus pies»*: Josué 1.3.

Página 117: *Cuando el ángel se le apareció*: Jueces 6.12.

Página 117: *«¿Cómo voy a salvar a Israel?»*: Jueces 6.15.

Página 117: *«Si me he ganado tu favor»*: Jueces 6.17.

Página 118: *«Uno de los grandes secretos»*: George Müller, *A Narrative of Some of the Lord's Dealings with George Müller* (Londres: Nisbet, 1886), 2:330.

Página 119: *«Permite que Dios sea tan original»*: Oswald Chambers, *My Utmost for His Highest* (Grand Rapids: Discovery House, 2006), 13 de junio [*En pos de lo supremo* (Barcelona: CLIE, 2007)].

Página 124: *Somos «entrometidos»*: 1 Timoteo 5.13.

Página 124: *«Tengo tanto que hacer»*: Citado por J. Oswald Sanders, *Spiritual Leadership*

Notas

(Chicago: Moody, 1974), p. 76 [*Liderazgo espiritual* (Grand Rapids: Outreach Publications, 1984)].

Página 124: «*Vayan por todo el mundo*»: Marcos 16.15.

Página 124: «*No se alejen de Jerusalén*»: Hechos 1.4.

Página 127: «*Antes de formarte*»: Jeremías 1.5.

Página 133: *Laurie Beth Jones ha declarado*: Laurie Beth Jones, *The Power of Positive Prophecy: Finding the Hidden Potential in Everyday Life* (Nueva York: Hyperion, 1999), ix.

Página 133: «*Crecí en un hogar alcohólico*»: Ibíd., p. xii.

Página 134: «*Es más noble*»: Citado por Stephen Covey, *Principle-Centered Leadership* (Nueva York: Simon & Schuster, 1991), p. 60 [*El liderazgo centrado en principios* (Barcelona: Ediciones Paidós, 1993)].

Página 135: «*El tiempo de trabajo*»: El Hermano Lorenzo, *The Practice of the Presence of God* (Radford, VA: Wilder, 2008), p. 25 [*Practicando la presencia de Dios* (Nashville, TN: Upper Room, 1982)].

Página 136: «*Tratamos de recordarlo*»: Frank Laubach, *The Game with Minutes* (Westwood, N.J.: Revell, 1961).

Página 137: «*No se inquieten por nada*»: Filipenses 4.6.

Página 138: «*El lunes pasado fue el más totalmente*»: El Hermano Lorenzo y Frank Laubach, *Practicing His Presence* (Goleta, CA: Christian Books, 1973), anotación del 1 junio 1930.

Página 142: *Hago un ayuno de veintiún días*: Hay varios ayunos de Daniel. Recomiendo investigar en los libros de cocina antes de comenzar este ayuno.

Página 142: «*¿No pudieron mantenerse despiertos?*»: Mateo 26.40.

Página 143: «*El espíritu está dispuesto*»: Mateo 26.41.

Página 144: «*Jesús regresó a Galilea*»: Lucas 4.14.

Página 148: «*Me pregunto qué sucedería*»: Peter Marshall, *Mr. Jones, Meet the Master: Sermons and Prayers of Peter Marshall* (Old Tappan, N.J.: Revell, 1988), pp. 143–144.

Página 152: *Seis veces, el salmista*: Salmos 33.3; 40.3; 96.1; 98.1; 144.9; 149.1.

Página 152: «*Cuando oren*»: Mateo 6.7–8.

Página 155: «*¡Cuán dulces son tus palabras!*»: Salmos 119.103.

Página 155: *Las Escrituras no mencionan de manera explícita*: Lucas 2.46–47.

Página 156: «*Si permanecen*»: Juan 15.7.

Página 157: «*No tengan miedo*»: Éxodo 14.13.

Página 158: «*Y el Señor inquietó*»: Hageo 1.14.

Página 158: *Esto es precisamente lo que Jesús*: Lucas 24.49.

Página 158: «*Esta lectura continua*»: Deuteronomio 17.20.

Página 161: «*Señor, Hijo de David*»: Mateo 20.30.

Página 169: *Pedro y Juan fueron descritos*: Hechos 4.13.

Página 169: «*Ahora lo hemos oído*»: Juan 4.42.

Página 176: «*La historia les pertenece a los intercesores*»: Walter Wink, *The Powers That Be: Theology for a New Millennium* (Nueva York: Doubleday, 1999), p. 185.

Página 176: *Durante uno de sus avivamientos*: Citado por J. Paul Reno, *Daniel Nash: Prevailing Prince of Prayer* (Asheville, N.C.: Revival Literature, 1989), p. 8.

Página 177: «*Ahora estoy convencido*»: Ibíd., p. 160.

Página 179: «*Hermanos, sabemos por qué*»: Citado por Pete Greig, *The Vision and the Vow* (Orlando, FL: Relevant, 2004), pp. 131–132.

Página 180: *Aquella reunión de oración fue visitada*: Hechos 1.12–17; 2.1–4.

Página 180: *En los días de Hilquías*: 2 Crónicas 34.14.

Página 180: «*Si mi pueblo*»: 2 Crónicas 7.14.

Página 181: *En palabras de Charles Finney*: Citado por Leonard Ravenhill, *Why Revival Tarries* (Minneapolis: Bethany House, 2004), p. 138 [*Por qué no llega el avivamiento* (Buenos Aires: Editorial Peniel, 2208)].

Página 181: *Debemos hacer un pacto para buscar*: 2 Crónicas 15.12.

Página 182: «*Si Dios puede conseguir suficiente*»: Citado por Tommy Tenney, *The God Chasers: «My Soul Follows Hard After Thee*» (Shippensburg, Pa.: Destiny Image, 1998), p. 53 [*En la búsqueda de Dios* (Miami: Unilit, 1999)].

Página 185: «*Cuando encontramos gente*»: Tomado de una transcripción de «The Role of Prayer in Spiritual Awakening», conferencia pronunciada en el Congreso Nacional de Oración, en Dallas, Texas, en octubre de 1976 por J. Edwin Orr, http://www.churchplantingwiki.com/index.php/wiki/Prayer_-_J_Edwin_Orr_-_The_Role_of_Prayer_in_Spiritual_Awakening/ .

Página 186: «*Los que menospreciaron*»: Zacarías 4.10.

Página 186: «*Es innato en nosotros*»: Oswald Chambers, *My Utmost for His Highest* (Grand Rapids: Discovery House, 2006), 21 de octubre.

Página 187: «*Dadme una palanca*»: E. J. Dijksterhuis, *Arquímedes,* traducción al inglés de C. Dikshoorn (Princeton, N.J.: Princeton University Press, 1987), p. 15.

Página 193: «*Uno de estos días, algún alma sencilla*»: Ravenhill, *Why Revival Tarries*, p. 61.

Página 193: «*Me postro ahora*»: «Thomas Maclellan's Covenant with God», GenerousGiving.org, http://library.generousgiving.org/articles/display.asp?id=16 (consultado el 2 de julio de 2012).

Página 194: «*Brinda generosamente su bondad*»: Salmos 84.11.

Página 196: «*Lo que nos venga a la mente*»: Tozer, *Knowledge of the Holy*, p. 1.

Página 197: *Visión como la que tuvo Isaías*: Isaías 6.

Página 197: *Un bajo concepto de Dios*: Tozer, *Knowledge of the Holy*, vii, 2.

Página 197: «*Si dos de ustedes se ponen de acuerdo*»: Mateo 18.19–20.

Página 198: «*Todas ellas son "sí" en Cristo*», 2 Corintios 1.20.

Página 198: *Su palabra no vuelve a él vacía*: Isaías 55.11.

Página 198: «*Átalas*»: Deuteronomio 6.8.

Notas

Página 199: *Oraba para pedir lluvia en la cima del monte Carmelo*: 1 Reyes 18.42.

Página 199: *Elías derrotó a los cuatrocientos cincuenta profetas*: 1 Reyes 18.16–39.

Página 200: «*Me mantendré alerta*»: Habacuc 2:1, citado en *The Book of Legends: Sefer Ha-Aggadah*, eds. Hayim Nahman Bialik y Yehoshua Hana Ravnitzky (Nueva York: Schocken, 1992), p. 202.

Página 203: *Ezequiel construyó torres de asalto*: Ezequiel 4.2.

Página 208: «*Yo me alejé*»: Kenneth Gaub, *God's Got Your Number: When You Least Expect It, He Is There!* (Green Forest, Ark.: New Leaf, 1998), capítulo 1; «God Knows Where You Are», www.2jesus.org/inspstories/where.html.